HOSHIORI 星栞

2023年の星占い
魚座

石井ゆかり

魚座のあなたへ
2023年のテーマ・モチーフ
解説

....

モチーフ：キャンディポット

....

　貯金箱にお金を貯めたり、キャンディポットに
ジェリービーンズなどのおいしいものを詰めてお
いたりすると、とても豊かな気持ちになります。魚
座の2023年はとても「豊かな年」です。それも、
日常の中にたくさんの豊かさを創造できる年なの
です。また、これまで頑張ってきた「ごほうび」
のようなものを受け取れる年でもあります。子供
の頃、何かお手伝いをしたごほうびにちょっとし
たキャンディやお菓子をもらった記憶はあるでし
ょうか。2023年のあなたにも、そんな嬉しいこと
が何度か、起こるのではないかと思います。

CONTENTS

はじめに

　こんにちは、石井ゆかりです。

　2023年は星占い的に「大物が動く年」です。「大物」とは、動きがゆっくりで一つの星座に長期的に滞在する星のことです。もとい、私が「大物」と呼んでいるだけで、一般的ではないのかもしれません。2023年に動く「大物」は、土星と冥王星です。土星は2020年頃から水瓶座に位置していましたが、2023年3月に魚座に移動します。冥王星は2008年から山羊座に滞在していましたが、同じく2023年3月、水瓶座に足を踏み入れるのです。このように、長期間一つの星座に滞在する星々は、「時代」を描き出します。2020年は世界が「コロナ禍」に陥った劇的な年でしたし、2008年はリーマン・ショックで世界が震撼した年でした。どちらも「それ以前・それ以後」を分けるような重要な出来事が起こった「節目」として記憶されています。

　こう書くと、2023年も何かびっくりするような出来事が起こるのでは？と思いたくなります。ただ、既にウクライナの戦争の他、世界各地での民主主義の危機、

世界的な環境変動など、「時代」が変わりつつあること
を意識せざるを得ない事態が起こりつつあります。私
たちは様々な「火種」が爆発寸前の世界で生きている、
と感じざるを得ません。これから起こることは、「誰も
予期しない、びっくりするようなこと」ではなく、既
に私たちのまわりに起こっていることの延長線上で「予
期できること」なのではないでしょうか。

　2023年、幸福の星・木星は牡羊座から牡牛座を運行
します。牡羊座は「はじまり」の星座で、この星座を
支配する火星が2022年の後半からコミュニケーション
の星座・双子座にあります。時代の境目に足を踏み入
れる私たちにとって、この配置は希望の光のように感
じられます。私たちの意志で新しい道を選択すること、
自由のために暴力ではなく議論によって闘うこと、な
どを示唆しているように読めるからです。時代は「受
け止める」だけのものではありません。私たちの意志
や自己主張、対話、選択によって、「作る」べきもので
もあるのだと思います。

《注釈》

◆ 12星座占いの星座の区分け(「3/21〜4/20」など)は、生まれた年によって、境目が異なります。正確な境目が知りたい方は、P.124〜125の「太陽星座早見表」をご覧下さい。または、下記の各モバイルコンテンツで計算することができます。
インターネットで無料で調べることのできるサイトもたくさんありますので、「太陽星座」などのキーワードで検索してみて下さい。

モバイルサイト【石井ゆかりの星読み】(一部有料)
https://star.cocoloni.jp/(スマートフォンのみ)

◆ 本文中に出てくる、星座の分類は下記の通りです。

火の星座:牡羊座・獅子座・射手座　　　地の星座:牡牛座・乙女座・山羊座
風の星座:双子座・天秤座・水瓶座　　　水の星座:蟹座・蠍座・魚座
活動宮:牡羊座・蟹座・天秤座・山羊座
不動宮:牡牛座・獅子座・蠍座・水瓶座
柔軟宮:双子座・乙女座・射手座・魚座

《参考資料》

・『Solar Fire Gold Ver.9』(ソフトウェア) / Esoteric Technologies Pty Ltd.
・『増補版　21世紀　占星天文暦』/ 魔女の家BOOKS　ニール・F・マイケルセン
・『アメリカ占星学教科書 第一巻』/ 魔女の家BOOKS　M.D.マーチ、J.マクエバーズ
・国立天文台 暦計算室Webサイト

HOSHIORI

魚座 2023年の星模様

年間占い

❄ 責任を引き受け、自由になる年

　「自分のことができるようになる」年です。もしあなたが過去2〜3年の中で、自分以外の誰かのために否応なく重い犠牲を払ってきたなら、その時間が2023年、終わりを告げます。誰かのサポートやケアのために、誰かの問題解決のために、弱い立場にある人やお世話になった人のために、自分の時間と労力を無償で割いてきていたなら、そうした状況から解放されます。そして、今度は自分自身のために、自分のことで努力できるようになるのです。

　2023年からあなたが取り組むことは、「一人でやる」ことが多いかもしれません。たとえば、今までは誰かに助けてもらっていたけれど、ここからは一人で担当する、といった展開もあり得ます。これまではいろいろな立場にいる人の意見を取り入れ、その人たちの承認を得なければ話を進められなかったのが、2023年からは自分一人の意志で物事を決められるようになるかもしれません。アイデアや企画も、借り物ではなく自

前でできるようになります。最初は自分一人の小さな
ユニットで始めたことも、数年後にはいろいろな人が
参加してくれる、大きなプロジェクトになるかもしれ
ません。

　一般に、「責任を持つ」ことは「縛られる」ことに通
じると考えられています。「これからは責任ある立場に
立つのだから、自分勝手にはできないよ」などという
言い方も耳にします。でも、本当にそうでしょうか。自
分が責任を取る立場になったら、実際には「本当の自
由」が手に入るものではないかと思うのです。学校を
卒業して社会人になった時、成人した時、「これからは
一人の人間としてより重い責任を持つようになる」と
言われます。確かにそうですが、それと同時に、一人
の人間としてより多くのことを、自分自身で決められ
るようになります。学校や親の価値観から離れ、自分
自身の価値観に沿って生きられるようになります。「責
任を負う」ことは、自由になることなのです。
　2023年の魚座の人々も、この通りの体験をすること
になるだろうと思います。すなわち、社会的な責任が

重みを増すと同時に、自由にできることが増えるのです。これまでの、あれこれ指図されたり、チェックされたりしていた状態から、パッと抜け出すことになるのかもしれません。自分で自分のことを判断し、決定し、動く、ということは、当たり前にできるようで、そうでもないことなのです。他人の意見や狭い人間集団のシステム、制約、しがらみなどに縛られて、私たちは「自分で決めている」つもりでも、全然決められないことのほうが多いのではないかと思います。2023年はそんな状況の中で、「自分で決める」ことができる範囲を、ぐいぐいと手元に取り戻せるタイミングです。すなわち、「自由になれる」年なのです。

✻ イマジネーションが現実に置き換わる

2012年頃から、漠然とした不安や疑念を抱いて生きている人も少なくないだろうと思います。原因不明の不調や、理由の判然としない悲しみ、ところどころに顔を出す悲観や否定的な感情が、あなたの前進を妨げるようなこともあったのではないでしょうか。2021年から2022年の中で、その「漠然とした不安・原因不明

の不調」の原因や仕組みが少なからず、わかってきているかもしれません。であれば2023年は、「漠たる不安」が「現実的な問題解決へのレール」に乗る年です。モヤモヤしたイマジネーションが、現実の出来事へと一つ一つ置き換わり、現実の中で具体的に対処できるテーマに変わるのです。たとえば、あちこちに突然出てくる亡霊にビクビクしながら暮らしていたのが、「それは亡霊ではなく、電気系統の不具合で起こる現象で、不具合のある部分を交換すれば解決する」とわかるようなものです。また、病院嫌いで、身体の不調を抱えたまま、密かに怯えて暮らしている、という人がいたとします。2023年はこの人が意を決して病院に行き、大したことのない病気だとわかり、薬を処方されて長らくの不調が解決する、となるような年なのです。

　実際に、全ての問題が解決するのは、2026年頃なのかもしれませんが、少なくともその「問題解決」のレールに乗るのが、この2023年です。悩みに悩んできたことにやっと「解決策」が見えてきて、素晴らしい解放感と喜びを感じる人も多いはずです。

✳ 「お金の使い方」を考える

　［お金・経済活動］の項目でも後述しますが、年の前半は経済活動に素晴らしい勢いがあります。価値あるものが手に入りますし、物質的・金銭的な豊かさを実現できるでしょう。お金に関する悩みがあった人は、年の前半に解決していくはずです。

　一方で物欲が嵩じやすい時でもあり、無計画な散財には注意が必要です。特に、見栄を張りたいとか、身近な人の気を惹きたい、人の心を支配したいというような「下心」に基づく散財は、後悔の種になります。お金は、人を支配する手段として機能してしまうことがあります。自覚しなくとも無意識のうちに、お金を支払うことで相手に負い目を感じさせたい、感謝させたい、思い通りにしたい、といった望みを抱いてしまうのは、誰にでも起こり得ることです。でも、お金によって作られた繋がりは壊れやすい上、決して心の満足には結びつきません。普段孤独を辛く感じている人ほど、この時期はそうした「お金の使い方」の誘惑にはまらないよう、気をつけたいところです。

❄コミュニケーション、学び、移動の時間

　5月半ばから2024年5月は、「コミュニケーション、学び、短い旅、移動」の季節です。新しいことをたくさん学べますし、ユニークな人との出会いも期待できます。突発的に出張や旅行などの計画が持ち上がる時期でもあります。新鮮な変化がたくさん起こる、「動きのある」時間帯です。

　兄弟姉妹や幼なじみとの関係が強まる時期でもあります。このところ疎遠になっていても、この時期は協力して取り組むべきテーマが出てくるかもしれません。親族のイベントを企画運営したり、地域の活動に参加したりと、最も身近な人と話し合いながら、力を合わせて何かを成し遂げることができそうです。こうした出来事を通して、自分のルーツを掘り起こすような体験もできるかもしれません。

　発信活動や勉強、研究、取材などの知的活動に取り組んでいる人には、この5月以降の1年は素晴らしい飛躍の時間です。大きな成果を挙げる人、チャンスを掴む人、目標を達成する人もいるでしょう。密かにずっ

と考えていたことを、ここで思い切って実現する、と
いったこともできそうです。突飛なアイデアほど実現
しやすい気配もあります。

｛ 仕事・目標への挑戦／知的活動 ｝

　年の前半は、一時的に「利益追求」に的を絞りたく
なるかもしれません。「まず、お金を作ろう」という意
識が生まれるのです。これはおそらく、継続的なこと
ではなく、「今」限定で、そうしたい動機があるのだろ
うと思います。たとえば「新しい事業を起ち上げるた
めに、まとまった資金を作ろう」といった動機です。あ
るいは、より仕事が効率的になるような機材、資材を
手に入れるために、まとまったお金を用意する、とい
ったこともあり得ます。年の半ばには「利益追求」の
スタンスは一段落しそうです。

　2023年は「責任が大きくなる」年であり、仕事の上
でも責任ある地位に就く人が多いでしょう。あるいは
自分で事業を興すなど、仕事全体への責任を負う、と
いう選択をする人もいるはずです。さらに、これまで
は自分一人の生活費を稼げば良かったけれど、ここか

らは家族の分も稼がなければならない、といった変化を経験する人もいるかもしれません。こうした「責任の変化」により、働き方が自ずと変わる可能性があります。特にそのスタートの段階では、ストレスやプレッシャーが辛く感じられるかもしれません。コツコツ続けてゆくうちに、少しずつその重みが、身体に馴染（なじ）みます。一方、絶対に耐えられないような過酷な状況に身を置くことになったなら、すぐにその場を離れることも一案です。「これは、乗り越えるべきハードルなのか、それとも逃げるべき危機なのか」を判断するのはなかなか難しいものですが、判断に迷ったら第三者の意見を求めると良さそうです。特に5月以降は、いろいろな人が有益なアドバイスをくれるはずです。

　6月から10月上旬は、就労条件や仕事の環境を、今の自分に合った形へと心地良く整えられる時です。楽しく仕事をするための試みができますし、好きな仕事が回ってくる気配もあります。自分の才能をストレートに活かせるポジション、得意技や実力を披露できる役目に恵まれそうです。

　5月半ばから2024年5月は「学びとフットワークの

季節」です。勉強はとにかく捗ります。資格取得やスキルアップを実現できるでしょう。知識や情報力を武器とできる時です。発信活動、公報や宣伝、教育、出版など、「声を届ける」ような仕事に取り組んでいる人には、この時期びっくりするようなチャンスが巡ってくるかもしれません。

﹛ 人間関係 ﹜

2023年から2026年頃にかけて、「一人でいることを選ぶ」人が多そうです。たとえば、普段は仲間とわいわい旅行に行く人も、この時期は敢えて一人旅を好むかもしれません。買い物やカフェでお茶といった日常のアクションも、「一人でゆっくりしたい」という気持ちになるかもしれません。これは決して、人嫌いになるとか、孤独になるとか、仲間はずれにされるとかいうことではありません。自分で自分と対話したい気持ちが強まるだけなのです。

ゆえに、この時期は人間関係が「少数精鋭」になりがちです。普段なら「どんどん人脈を広げよう！」という思いを持っている人も、2023年からの2〜3年間

は「既にある人間関係を大事にしよう」「本当に大切な人に、じっくり時間をとろう」という思いが強まりそうです。特に、2008年頃から「人間関係を外側に広げる、仲間を増やす、力を持った人と結びつく」等のことに全力を注いできた人は、そうした情熱が不思議なほど、沈静化していくのを感じるはずです。

{ お金・経済活動 }

　2022年5月半ばから2023年5月半ばは、平たく言って「金運の良い時期」です。経済活動が盛り上がり、収入が増えたり、いい買い物ができたりと、物質的に恵まれた状態になるでしょう。車や不動産など大きな買い物に挑戦する人も少なくなさそうです。

　また、2023年年明けから3月は特に、住環境を整えるため、家族のため、暮らしをゆたかにするためにお金を使うことになりやすいようです。ここで思い切って「暮らす世界をゆたかに、美しくする」ことが、あなたを取り巻く人間関係の改善にダイレクトに繋がる気配もあります。住処(すみか)や生活が幸福になると、心に余裕ができ、人に対して寛容になれます。笑顔が増える

と、関わる相手の心が和み、自然、全ての人間関係が円滑に回り始めるのです。

2023年5月半ばから2024年5月は、ビジネスが好調な時間帯です。自分で商売をしている人、営業活動や会社経営など、直接的な利益を追求する活動をしている人にとっては、お金がうまく回り、「いい取引ができる」時間帯となりそうです。面白い案件が突発的に来て、トントン拍子に話が進む、といった展開も。この時期のビジネスには、「驚き」がつきものなのです。

｛ 健康・生活 ｝

2022年8月下旬から、生活に関する問題、トラブルに悩まされている人もいるかもしれません。雨漏りや家電の故障など、複数の問題が同時に噴出して対応に追われる、といった状況も考えられますが、このようなバタバタした状況は2023年3月までには収束しそうです。3月を境に「穏やかな、落ち着いた生活」を取り戻せます。

健康については、6月から10月上旬に素晴らしい追い風が吹いています。心身の不調が解消し、より心地

良い暮らしの枠組みを作れるでしょう。

　2023年3月から2026年にかけては、「エイジング」がテーマとなるかもしれません。年齢を重ねると体質や心身のコンディション、サイクルなども変わってくるものです。でも、そうした変化を受け入れて、「今の自分に合ったライフスタイル」を確立するのは、なかなか簡単ではありません。世間一般に「これが身体に良い」「これが効果的」とされるものであっても、自分には全く合わない、ということはよくあります。あれこれ試行錯誤を繰り返しながら、徐々に「自分は、これだ」と思えるものを探し当てていくしかないのです。2023年から、そうした試行錯誤をスタートさせる人も少なくないかもしれません。長年使い続けたコスメを変えたり、「これがベスト」と思っていた食生活や生活のルーティンを見直したりできる時期に入るのです。また自分への「セルフイメージ」を手放すところから、そうした「エイジング」の試みを始める人もいるかもしれません。新しい自分の魅力を、イマジネーションの中で設定し直すことで、暮らし方や身体へのアプローチの方法が変わります。

◉ 2023年の流星群 ◉

「流れ星」は、星占い的にはあまり重視されません。古来、流星は「天候の一部」と考えられたからです。とはいえ流れ星を見ると、何かドキドキしますね。私は、流れ星は「星のお守り」のようなものだと感じています。2023年、見やすそうな流星群をご紹介します。

4月22・23日頃／4月こと座流星群
例年、流星の数はそれほど多くはありませんが、2023年は月明かりがなく、好条件です。

8月13日頃／ペルセウス座流星群
7月半ばから8月下旬まで楽しめます。三大流星群の一つで、条件がよければ1時間あたり数十個見られることも。8月13日頃の極大期は月明かりがなく、土星や木星が昇る姿も楽しめます。

10月21日頃／オリオン座流星群
真夜中過ぎ、月が沈みます。土星、木星の競演も。

12月14日頃／ふたご座流星群
三大流星群の一つで、多ければ1時間あたり100個程度もの流れ星が見られます。2023年の極大期は月明かりがなく、こちらも好条件です。

HOSHIORI

魚座 2023年の愛

年間恋愛占い

♥ 「ケア」の現実化

2023年、魚座の愛のテーマは「ケア」です。特に、自分自身がどんなケアを必要としているのか、そして相手にどんなケアができるのか、ということを、具体的に考える必要が出てきそうです。愛の場ではどうしても、「言わなくてもわかってほしい」「この状況を見れば当然、こんなケアをしてくれるはず」「自分でもどうしてほしいかわからないけれど、相手に自主的に、何か考えてほしい」といった曖昧な期待を抱えやすいものだと思います。2023年はそうした「漠然とした期待」を脱し、自ら「こういうケアをしてほしい」とお願いできます。また、相手がどんなケアを望んでいるのか、それを具体的に検討できる時間と言えます。愛は「大切にし合うこと」です。そのことにより現実的・具体的に向き合えるのが、2023年なのです。

﹛ パートナーを探している人・結婚を望んでいる人 ﹜

出会いの場では誰もが「本当に、この人を信頼していいのだろうか？」という怖れに似た疑念を抱くもの

だと思います。その思いが、2023年はかなり強くなりそうです。普段とてもオープンな人も、2023年からは「最初から心を開くのは、危険かもしれない」と感じるかもしれません。このことは、決して悪いことではありません。むしろ、パートナーを探す上では正しいスタンスとも言えます。お互い様々なシチュエーションでいろいろな顔を見せ合って、「なるほど、この人とならこの先長い時間、ともに生きていけるはずだ」と思えるプロセスを辿るのが理想的です。

　また、2023年は「ケア」ということが愛を探す上でも、とても大きなテーマとなります。たとえば、「結婚後、自分が初めて風邪を引いて寝込んだ時、相手が何もしてくれなかった」というエピソードを、よく目にします。普段とても優しい人であっても、相手が困った時に適切なケアをできるか、少なくとも「何かしよう」という気持ちを持てるか、という点は、なかなか見通せないのです。お互いに健康で、順調な日々を送っている時にいたわり合うのは、簡単です。どちらかがピンチになった時、ちゃんと助け合えるかどうか、が

肝心なのです。この点を確認するのはなかなか難しい
ものですが、2023年はそこを確かめる機会に恵まれる
ようです。また、パートナーに望むこととして、「食べ
ものの好みが似ている」「嫌いなものが同じ」など、一
見小さなことを挙げる人がいます。2023年のあなたは、
愛を探す上でまさに、そうした暮らしの小さな条件を
大切にしたくなるかもしれません。

パートナーシップについて

　いたわり合える、優しくし合える年です。特に6月
から10月上旬は、お互いをケアし合い、暮らしにおけ
る結びつきがより深く、強くなるでしょう。一緒に掃
除をしたり、料理をしたり、といった日常的な共同作
業を通して、互いの大切さを確かめ合う人もいるかも
しれません。「出かけるときは必ずハグする」「おはよ
うとおやすみは必ず言う」など、繰り返される日常に
「愛の習慣」を維持しているカップルはたくさんありま
す。2023年は新しい「愛の習慣」を発案し、定着させ
ることが容易な時期と言えます。

　2023年のあなたは物事に対する責任感が強くなり、

問題意識や完璧主義も強まるため、パートナーシップにおいてもなにかと「気になること」が出てくる可能性があります。自分自身に課すことが大きくなる一方で、同じ物差しをパートナーにも向けてしまうと、関係に緊張が生まれます。でも、愛の関係において一番大事なことは、「厳しくし合う」ことではないだろうと思うのです。まずは「自分自身に厳しくしすぎないこと」が、パートナーシップの好転のコツです。

｛ 片思い中の人・愛の悩みを抱えている人 ｝

　5月半ばから2024年5月にかけて、コミュニケーションに勢いが出てきます。意中の人に話しかけたり、誘ったりすることが容易になりそうです。爽やかなアプローチで距離を縮められます。相手の趣味や仕事などについて学び、話題を増やすのも一案です。

　愛の悩みを抱えている人は、この時期「悩みを解決しよう」という現実的な意思が固まるかもしれません。自分の人生に責任を持ち、納得の行く生き方をしたい、という意識が強くなるからです。これまでよりも、自分自身が「強くなった」と感じられるかもしれません。

自分自身に対する信頼が高まることで、問題に対処しやすくなるようです。5月以降は身近な人のサポートに恵まれます。自分自身を労（いたわ）って。

｛ 家族・子育てについて ｝

　2022年8月下旬から家の中がドタバタしていたり、家族との間にケンカや対立が生じたりしていたなら、遅くとも2023年3月にはそのストレスフルな状況が収束しそうです。4月にはスッキリした暮らしに戻れるでしょう。6月から10月上旬は、暮らし全体が楽しく感じられます。5月以降、兄弟姉妹との関係が密になるかもしれません。関係改善も期待できます。

　子供にも「家庭を運営する一員」として、役割分担を求める人が多そうです。生活共同体としての意識を持つことが、子育てにプラスに作用するようです。

｛ 2023年　愛のターニングポイント ｝

　1月末から2月中旬、3月末から6月頭、7月末から11月上旬等に、愛のドラマが動きそうです。

HOSHIORI

魚座 2023年の薬箱

もしも悩みを抱えたら

❋2023年の薬箱 〜もしも悩みを抱えたら〜

誰でも日々の生活の中で、迷いや悩みを抱くことがあります。2023年のあなたがもし、悩みに出会ったなら、その悩みの方向性や出口がどのあたりにあるのか、そのヒントをいくつか、考えてみたいと思います。

◈社会的な立場が重みを増す

プレッシャーやストレスが強まるかもしれません。この時期、あなたはこれまでよりも社会的に大きな責任を引き受けようとしています。あるいは、自分の果たすべき役割の影響力に気づき始めているのかもしれません。自分という存在が今、一回り大きくなろうとしているので、その大きさ、重みを引き受けるために、強い緊張を感じやすいのです。妙に自信がなくなったり、何事にも悲観的になってしまったり、人に厳しく当たりがちになったりするのも、全て「社会的な力が一回り大きくなろうとしている」ことの現れと言えます。自分に対して多くを求めがちになります。自分に課す課題が肥大しがちです。「これでもか！」というくらい高

い目標を掲げ、それに達しないと自分を責め続けるようなやり方は、自分も人をも、あまり幸福にはしません。2023年、あなたが「自分」についての深い悩みを抱えたなら、まず自分に厳しくしすぎないこと、このプロセスは2026年頃までの長丁場であることを意識してみて下さい。今はまだ「入り口」です。何事も最初の段階では、すぐにはうまくいかないものです。「自分はダメだ」などと決めつけず、少しずつ前進すればいい、と考えてみて下さい。「生きているだけでOK」という基本のラインを堅持して。

◆家族との衝突は、3月末まで

　2022年8月末から、家族や身近な人との間で衝突や摩擦が続いているかもしれません。大切な人たちとのトラブルは辛いものですが、3月末までには出口に辿り着けます。正直な感情をぶつけ合っても、出て行く、別れるなど「ラストワード」はできるだけ避けて。

2023年のプチ占い（牡羊座〜乙女座）

牡羊座（3/21-4/20生まれ）
年の前半は「約12年に一度のターニングポイント」のまっただ中。新しい世界に飛び込んでいく人、大チャレンジをする人も。6月から10月上旬は「愛の時間」に突入する。フレッシュで楽しい年に。

牡牛座（4/21-5/21生まれ）
仕事や社会的立場にまつわる重圧から解放された後、「約12年に一度のターニングポイント」に入る。何でもありの、自由な1年になりそう。家族愛に恵まれる。「居場所」が美しくゆたかになる年。

双子座（5/22-6/22生まれ）
2022年8月からの「勝負」は3月まで続く。未来へのチケットを手に入れるための熱い闘い。仲間に恵まれる。さらに2026年にかけて社会的に「高い山に登る」プロセスに入る。千里の道も一歩から。

蟹座（6/23-7/23生まれ）
5月までは「大活躍の時間」が続く。社会的立場が大きく変わる人、「ブレイク」を果たす人も。年の後半は交友関係が膨らみ、行動範囲が広がる。未来への新たなビジョン。経済的に嬉しい追い風が吹く。

獅子座（7/24-8/23生まれ）
年の前半は「冒険と学びの時間」の中にある。未知の世界に旅する人、集中的に学ぶ人も。6月から10月上旬まで「キラキラの愛と楽しみの時間」へ。嬉しいことがたくさん起こりそう。人に恵まれる。

乙女座（8/24-9/23生まれ）
年の前半は「大切な人のために勝負する」時間となる。挑戦の後、素晴らしい戦利品を手にできる。年の後半は未知の世界に飛び出していくことになりそう。旅行、長期の移動、新しい学びの季節へ。

（※天秤座〜魚座はP.96）

魚座 2023年 毎月の星模様

月間占い

◆星座と天体の記号

「毎月の星模様」では、簡単なホロスコープの図を掲載していますが、各種の記号の意味は、以下の通りです。基本的に西洋占星術で用いる一般的な記号をそのまま用いていますが、新月と満月は、本書オリジナルの表記です（一般的な表記では、月は白い三日月で示し、新月や満月を特別な記号で示すことはありません）。

♈：牡羊座	♉：牡牛座	♊：双子座
♋：蟹座	♌：獅子座	♍：乙女座
♎：天秤座	♏：蠍座	♐：射手座
♑：山羊座	♒：水瓶座	♓：魚座
☉：太陽	●：新月	○：満月
☿：水星	♀：金星	♂：火星
♃：木星	♄：土星	♅：天王星
♆：海王星	♇：冥王星	
℞：逆行	Ð：順行	

◆ 月間占いのマーク

　また、「毎月の星模様」には、6種類のマークを添えてあります。マークの個数は「強度・ハデさ・動きの振り幅の大きさ」などのイメージを表現しています。マークの示す意味合いは、以下の通りです。

　マークが少ないと「運が悪い」ということではありません。言わば「追い風の風速計」のようなイメージで捉えて頂ければと思います。

★彡　　特別なこと、大事なこと、全般的なこと

✊　　情熱、エネルギー、闘い、挑戦にまつわること

🏠　　家族、居場所、身近な人との関係にまつわること

¥　　経済的なこと、物質的なこと、ビジネスにおける利益

✐　　仕事、勉強、日々のタスク、忙しさなど

♥　　恋愛、好きなこと、楽しいこと、趣味など

1

JANUARY

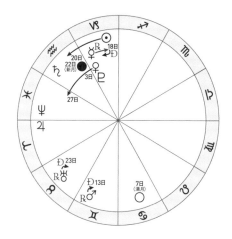

◆**振り向いたところにいる人々と語る。** ★彡★彡

懐かしい友達と再会できそうです。しばらく疎遠になっていた
仲間から連絡がくる、といった出来事が不思議と重なり、「じゃ
あ、みんなで何かしようか！」といった展開になるかもしれま
せん。「これから」のことを、「振り向いたところにいる人々」
と語り合いたくなる、賑やかな時間帯です。

◆**「家」に関して、混乱から前進に転じる。** 🏠🏠🏠

去年の8月下旬から、住処や家族に関して熱い動きの中にある
人が多いはずですが、10月末頃からその「熱い動き」に停滞感
があったかもしれません。どっちに向かっているのかわからな
かったり、みんなの意見がバラバラで収拾がつかなくなったり

していたかもしれませんが、遅くとも13日前後には、その混乱から抜け出せるでしょう。ここから3月に向けて、再度活動を前向きに仕切り直せます。

◈「一人の楽しみ」に癒される。

「自分だけの楽しみ」を満喫できそうです。自分自身のための「とっておき」、自分だけの時間を大切にしたい時です。

♥デリケートに、大切に扱う。 ♥ ♥

7日前後、「愛が満ちる・実る」ような出来事が起こりそうです。これまで愛について努力を重ねてきた人ほど、このタイミングで嬉しいことがあるでしょう。1月を通して、愛は水面下で、密やかに育ちます。普段友達との「恋バナ」を楽しむ人も、今は恋を自分の心の中だけに、大切にあたためるほうがいいかもしれません。感情は本来、非常にデリケートで、第三者との雑談という「外気」に触れさせると、傷つきやすいのです。カップルも、二人だけの時間を大事にしたい時です。

>> 1月 全体の星模様 《

年末から逆行中の水星が、18日に順行に戻ります。月の上旬から半ば過ぎまでは、物事の展開がスローペースになりそうです。一方、10月末から双子座で逆行していた火星は、13日に順行に転じます。この間モタモタと混乱していた「勝負」は、13日を境に前進し始めるでしょう。この「勝負」は去年8月末からのプロセスですが、3月に向けて一気にラストスパートに入ります。

2

FEBRUARY

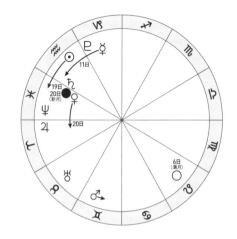

◆愛と美の星の巡る、楽しい季節。

キラキラの楽しい季節です。特に上旬から中旬、心躍る嬉しい
出来事がたくさん起こるでしょう。あなたの優しさや魅力がス
トレートに伝わり、あなたの周りにいる人がみんな、幸せな気
持ちになれるようです。ファッションやヘアスタイルなどを刷
新したくなる人も。より魅力的に「変身」できます。

◆個人的に、とても大切な「答え」を見つける。 ★彡

大事なテーマについてじっくり考える時間を持てます。長らく
抱えてきた悩みや個人的な問題について、学んだり、身近な人
と語り合ったりして、答えを探し出せます。悩んできた時間が
長い人ほど、現実的で前向きな答えが見つかるでしょう。ずっ

と側にいてくれていた人、その問題についての数少ない理解者が、力強い手を差し伸べて、サポートしてくれます。心の中にあるものに、知的にアプローチできる時です。

◆大切なスタートライン。

20日前後、特別なスタートのタイミングとなっています。このところ楽しいけれどちょっと怠け気味だった、という人は、この日を境に気持ちがきりっと引き締まり、やる気が出ます。

♥華やかな愛の輝きの時。 ♥♥♥

強い愛のスポットライトがあなたを照らし出し、ほめられたり誘われたりする機会が増えます。この時期のアプローチは玉石混淆（ぎょくせき）で、「人を見る目」が問われそうです。今は特に「ともに生きる暮らし」にリアリティを感じられる相手でないと、ぴんと来ないかもしれません。パートナーがいる人は、とにかく素直に愛情表現できる時です。あなたの愛が相手の中にストレートに流れ込み、大きな幸福が生まれます。

≫≫ 2月 全体の星模様 ≪

金星が魚座、水星が水瓶座を運行します。両方とも「機嫌のいい」配置で、愛やコミュニケーションがストレートに進展しそうです。6日の獅子座の満月は天王星とスクエア、破壊力抜群です。変わりそうもないものが一気に変わる時です。20日は魚座で新月が起こり、同日金星が牡羊座に移動、木星と同座します。2023年前半のメインテーマに、明るいスイッチが入ります。

3
MARCH

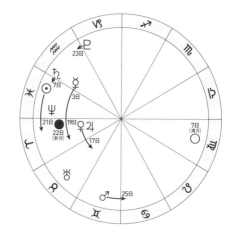

◆**豊かな季節。いいものが手に入る。** ¥¥¥

経済的にとても嬉しい動きが起こりそうです。特に頑張ってきたことがある人は、予想以上の報酬を受け取れるかもしれません。臨時収入があったり、良い買い物ができたりする時です。ただし、気が大きくなって財布の紐がゆるみがちになる気配も。どんぶり勘定を避け、収支を把握し、計画的に。

◆**長期的な取り組みへの、最初の一歩。** ★彡

時間をかけて取り組みたいテーマが浮上しそうです。あるいは、これまで人の力を借りながらやっていたことを、ここからは「一人でやりたい」という思いが湧いてくるかもしれません。自分の力を試してみたい、自分の足で立ってみたい、という気持ち

で、新たなチャレンジを始める人が少なくないでしょう。ここからスタートさせる活動は、向こう2〜3年かけてやり遂げるべき、長丁場のプロセスです。今はその「最初の一歩」で、学ぶべきことがたくさんあるかもしれません。既に知っていることだけの世界から抜け出し、勉強しながら新境地に踏み込んでゆく時間帯です。

♥相手への理解度が深まる。

7日前後、パートナーシップにおいて嬉しい出来事が起こりそうです。突然問題が解決したり、相手の本音に触れて心の距離が縮まったりするかもしれません。長い間悩んでいた愛の問題に、意外な解決策を見出す人もいるそうです。月の上旬から中旬にかけては、「相手に合わせる」ことの極意を学べるかもしれません。自分のペースをひとまず棚に上げて、観察力と洞察力を活かし、普段見逃していることをキャッチできそうです。25日以降、愛の情熱の時間に入ります。フリーの人もカップルも、積極的に動けるようになりそうです。

≫≫ 3月 全体の星模様 ≪

今年の中で最も重要な転換点です。土星が水瓶座から魚座へ、冥王星が山羊座から水瓶座へと移動します。冥王星は6月に一旦山羊座に戻りますが、今月が「終わりの始まり」です。多くの人が長期的なテーマの転換を経験するでしょう。去年8月下旬から双子座に滞在していた火星も冥王星の翌々日25日に蟹座に抜けます。この月末は、熱い時代の節目となりそうです。

4

APRIL

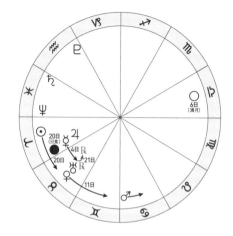

◆「楽しみ」に注がれる創造性、資金。

好きなことにガンガン打ち込める時です。クリエイティブな活動をしている人には、情熱の全てを注ぎ込めるようなチャンスが巡ってくるかもしれません。また、趣味や遊びなどにお金を使いたくなる気配も。心を充たすための「贅沢」に意識が向かうようです。楽しむことにも創造性を活かせます。

◆身近な人のための「闘い」が報われる。

家族や身近な人と過ごす時間がとても楽しくなりそうです。特に去年の8月下旬から、家族と衝突しがちだったり、摩擦があったりした人ほど、この時期の優しい愛情が嬉しく感じられるでしょう。身近な人のためのあなたの長い奮闘が報われます。家

の中がとても美しくなる時でもあります。

◈古いコミュニケーションの復活。 ★

月の下旬以降、懐かしい人から連絡が来るかもしれません。あるいは、あなたのほうからかつてのコミュニケーションを復活させるため、尽力することになるのかもしれません。

♥「もの」が伝える愛。

手編みのセーターや手作りのお菓子などを恋人に贈ることは、現代ではあまり流行らないようです。とはいえ購入したギフトでも「自分の手から、大切な人の手に渡されるもの」としての魔法がかかるものだろうと思います。この時期は特に、「モノ」が愛を伝える力を帯びるようです。愛について積極的に動ける時ですし、愛情表現もストレートに伝わりますが、そこになにかしら、価値あるものを添えたくなるかもしれません。愛を探している人は、「価値観が一致する人」に心惹かれるでしょう。一緒に喜びを味わえる人に出会えそうです。

4月 全体の星模様

昨年8月下旬から火星が位置した双子座に11日、金星が入ります。さらに水星は21日からの逆行に向けて減速しており、「去年後半から3月までガンガン勝負していたテーマに、ふんわりとおだやかな時間がやってくる」ことになりそうです。半年以上の激闘を労うような、優しい時間です。20日、木星が位置する牡羊座で日食が起こります。特別なスタートラインです。

MONTHLY
HOROSCOPE

5

MAY

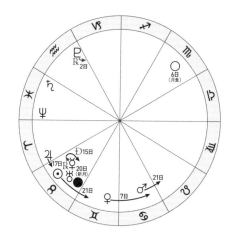

◆「学びとコミュニケーションの季節」へ。

ここから2024年5月にかけて「学びとコミュニケーションの季節」に入ります。特に月の前半は、新たな学びに備えて「復習・学び直し」をする人も多いかもしれません。懐かしい人からの連絡がきっかけとなり、新しい対話の輪に足を踏み入れることになる人も。一気に賑やかになりそうです。

◆喜びの多い時間帯。個性を活かせる。 ♥ ♥

趣味や遊びなど、純粋に楽しみのための活動に勢いが出ます。クリエイティブな活動をしている人には、大きなチャンスが巡ってきそうです。精力的に活動して道を切り開けます。才能を認められたり、アイデアを実現できたりする時です。また、子育

て中の人はとても楽しい時間となる一方、かなり大きな問題解決ができそうです。根の深い悩みの種に、今までとは違う形でアプローチできるようです。

◆「不安」に対抗する知恵。

このところ不安に感じていることに、ある種の「答え」が見つかります。重要なアドバイスを受け取れる気配も。

♥ 強い追い風が吹き続ける。

愛と情熱の季節です。特に21日まで、とても熱い時間となっています。フリーの人もカップルも、積極的に愛のアクションを起こせるでしょう。月の前半はコミュニケーション上の混乱や行き違いなどがあり、多少歯車が噛み合わないかもしれませんが、月の半ばには解決します。ストレートに愛を伝えると同時に、愛を「信じる」態度もポイントとなるかもしれません。愛を探している人は、比較的近い場所に愛が見つかる気配があります。「日常」の行動を大切に。

》 5月 全体の星模様 《

3月に次いで、節目感の強い月です。まず6日、蠍座で月食が起こります。天王星と180度、この日の前後にかなりインパクトの強い変化が起こるかもしれません。15日に逆行中の水星が順行へ、17日に木星が牡羊座から牡牛座に移動します。これも非常に強い「節目」の動きです。約1年の流れがパッと変わります。21日、火星と太陽が星座を移動し、全体にスピード感が増します。

MONTHLY
HOROSCOPE

6

JUNE

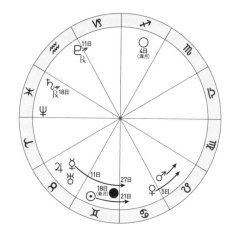

◆**話すことで、問題が見えてくる。** ★≔★≔

日頃考えていることや悩んでいることを、真剣に話す機会に恵
まれます。身近な人が相談に乗ってくれるのかもしれませんし、
カウンセラーや相談窓口などを訪れる人もいるでしょう。話す
ことで問題の勘どころがクリアになり、「どうすればいいか」が
見えて、気持ちが安定します。知的アプローチを。

◆**協力関係の中で見出す、意外な適性。**

忙しい時期です。あちこちから出動要請を受けたり、タスクが
山積みになったりで、息つく暇もないかもしれません。身近な
人のケアをする人もいれば、あなた自身がサポートやケアを必
要とするシーンもありそうです。いずれにせよ、自分一人の世

界に抱え込むことなく、何事も「共有」し、助け合っていくことで道がひらけます。人を手伝ったり、人に手伝ってもらったりするプロセスの中で、「自分にはこういう活動が合っているのかも」という適性の発見もありそうです。

◆頑張ってきたことが、成功する。

4日前後、仕事や対外的な活動の場で、大きな成果を挙げられそうです。キャリアのターニングポイントを迎える人も。

♥協力関係の中から愛が生まれる。 ♥ ♥

3月末頃からパートナーと衝突しがちだったり、愛に関して焦りや苛立ちを感じたりしていた人は、6月に入る頃にはトラブルが一段落してホッとひと息つけるでしょう。5日まではキラキラした雰囲気も続いており、楽しいことが多いはずです。さらに21日以降、愛のドラマが再度動き出します。愛を探している人は日々の活動の場、生活の中に出会いがありそうです。「協力して活動できる相手」を探してみて。

》》 6月 全体の星模様 《

火星と金星が獅子座に同座し、熱量が増します。特に3月末から蟹座にあった火星はくすぶっているような状態にあったので、6月に入ると雨が上がってからっと晴れ上がるような爽快さが感じられるかもしれません。牡牛座に入った木星は魚座の土星と60度を組み、長期的な物事を地に足をつけて考え、軌道に乗せるような流れが生まれます。全体に安定感のある月です。

MONTHLY
HOROSCOPE

7

JULY

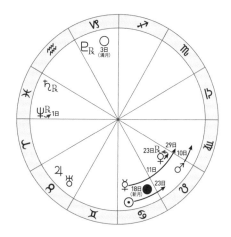

◆ **誰かがもたらした「衝撃」で、状況が変わる。**

「ぶつかってきてくれる人」に恵まれそうです。その衝撃によって、新しいコミュニケーションの機会が生まれるようです。表面的なやりとりに終始するような、ある種の膠着(こうちゃく)状態に、ドラマティックな展開で亀裂が生じます。関わっている人々が次々に本音を語り出すような、面白い時間帯です。

◆ **多忙さが一段落、快適な生活のリズム。**

5月末から非常に忙しかった人が少なくないはずですが、月の中旬に入る頃には一段落しているでしょう。中旬からは一転して、とても過ごしやすい、快適な生活のリズムが生まれます。新しい健康法や生活習慣を導入するなど、「身体が楽になってい

く」のを実感する人も。日々が楽しくなります。

◎**未来への明るいプランを作る。**
3日前後、そして18日前後、仲間や大切な人と、とてもいい話ができそうです。会議や打ち合わせも生産的なものになるでしょう。未来に向けて明るいプランがたくさん生まれます。

♥**自分の強さを軸に、強い相手を探せる。**
能動的かつ積極的に動ける時です。この時期の愛は、スイートで穏やかなものというよりは、「当たって砕けろ！」という勢いに溢れていて、とても刺激的です。戦略的に動けますし、意志の強さ、自立心、責任感などが愛の世界で全面に表れます。愛を探す時も、優しい人や美しい人より、考え方のしっかりした人、強い意志や情熱を持つ人、自立した人、社会的な力を持つ人などに惹かれやすいかもしれません。自分の強さを肯定し、自信を持つほど、それにふさわしい強い人物との縁が生まれやすいはずです。

》》**7月 全体の星模様**《

10日に火星が獅子座から乙女座へ、11日に水星が蟹座から獅子座へ移動します。火星が抜けた獅子座に金星と水星が同座し、とても爽やかな雰囲気に包まれます。5月末から熱い勝負を挑んできたテーマが、一転してとても楽しく軽やかな展開を見せるでしょう。一方、乙女座入りした火星は土星、木星と「調停」の形を結びます。問題に正面から向き合い、解決できます。

MONTHLY
HOROSCOPE

8

AUGUST

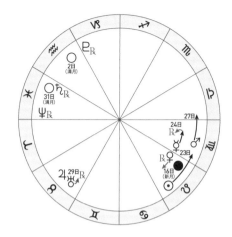

◆ **正面から、全力で挑む。**

「真剣勝負」の時です。タフな交渉に臨んだり、率直に議論を重
ねたりすることになりそうです。一対一で向き合い、知力の限
りを尽くしてやり合うことで、大きな成果が得られます。ムリ
ヤリ丸く収めようとしたり、言いたいことを引っ込めたりする
のは、この時期に全く合いません。挑む時です。

◆ **怠けるときは怠ける。**

先月からの「生活が快適になる」流れが続いています。ただし、
この8月は少し「ゆるむ」部分が大きくなりそうです。つい怠
けてしまったり、ダラダラ過ごしてしまったりして、自分を責
めたくなる時もあるかもしれませんが、ここでの「ゆるみ」に

は、実はとても重要な意味があります。この時期もし、あなたが意図せず「なんとなくダラダラしてしまう」なら、あなたの心身がそれを必要としているのだ、と理解して、堂々とだらけてしまうほうがいいのです。罪悪感を手放して。

◆努力に自信を持てる、マイルストーン。　★彡★彡

月末、思考の転換が起こるかもしれません。孤独感を抱えながら一人でコツコツやってきたことに、「これでいいのだ！」という自信を持てそうです。足元だけ見つめて歩いてきた道を、ふと振り返って「こんなに遠くまで来られた！」と感動できるかもしれません。自分の頑張りを信じられる時です。

♥言いたいことを言い合える、いい関係。　✊✊✊

愛の世界でも「真剣勝負」が起こります。パートナーと熱く話し合えたり、恋人とぶつかったりするかもしれません。言いたいことを言い合える関係こそ、「いい関係」なのだということを実感できそうです。対決によって関係が強くなります。

》 8月 全体の星模様 《

乙女座に火星と水星が同座し、忙しい雰囲気に包まれます。乙女座は実務的な星座で、この時期多くの人が「任務」にいつも以上に注力することになりそうです。一方、獅子座の金星は逆行しながら太陽と同座しています。怠けたりゆるんだりすることも、今はとても大事です。2日と31日に満月が起こりますが、特に31日の満月は土星と重なり、問題意識が強まりそうです。

9

SEPTEMBER

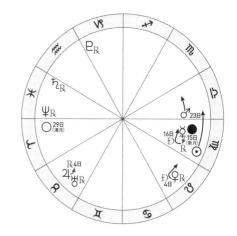

◆**「実はあの時はね」という、打ち明け話。** ★彡

「真剣勝負」が一段落し、プレッシャーから解放されそうです。
人間関係における摩擦や衝突に悩んでいた人は、9月に入ると
落ち着きを取り戻せるでしょう。月の前半は特に「あの時は言
えなかったけれど、実はこんな気持ちだった」というふうに、過
去に遡（さかのぼ）っての対話が重ねられていくようです。

◆**お金の流れが変わる。** ¥ ¥

経済活動が熱を帯びます。人から「お勧め」されたり、家族や
身近な人のためにお金を使ったりすることになるかもしれませ
ん。ちょっと変わった仕事のオファーを受けたところ、想定を
超える報酬を受け取れる、といった展開も。人からもたらされ

るものはまずしっかり理解し、よく吟味して、自分の中に新しい意欲が湧くかどうか、試してみたいところです。人のためにお金を使う時は、予算をきちんと決めて。ギャンブルは大きな問題に発展しやすいので気をつけて。

◈ 心身の調子が良くなってくる。

心身のコンディションが上向きになります。8月中、少しだらけてしまった人も、9月になると「8月にゆるめておいて正解だった！」とわかるでしょう。元気とやる気が出てきて、日々がとても楽しく、キラキラしてきます。

♥ 時間をかけてじっくり近づく。 ♥ ♥

8月中にパートナーとぶつかりがちだったなら、9月前半に時間をかけて仲直りできそうです。表面的な理解で終わらせず、振り返り、掘り下げて話を重ねることで心がしっかりと結ばれます。愛を探している人は「旧交をあたためる」場に妙味が。古い知人の紹介にも期待できます。声をかけてみて。

▶▶ 9月 全体の星模様 ◀◀

月の前半、水星が乙女座で逆行します。物事の振り返りややり直しに見るべきものが多そうです。15日に乙女座で新月、翌16日に水星順行、ここが「節目」になるでしょう。物事がスムーズな前進に転じます。8月に逆行していた金星も4日、順行に戻り、ゆるみがちだったことがだんだん好調になってきます。火星は天秤座で少し不器用に。怒りのコントロールが大切です。

MONTHLY
HOROSCOPE

10

OCTOBER

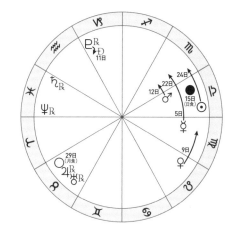

◆優しい関わりの中で、緊張がほぐれる。　♥ ♥

このところ感じがちな緊張感や不安、悲観的な気持ちを、誰か
が受け止め、宥（なだ）めてくれるようです。「いつものあなたはもっと
こういうふうだったよね」というふうに、あなた自身のことに
ついて優しく語ってくれる人もいるかもしれません。誰かとの
関係を通して、「いつもの自分」を取り戻せそうです。

◆学びのレベルが一気に上がる。　🖉 🖉 🖉

月の半ば以降、「冒険と学びの時間」が始まります。遠く遠征に
出かけたり、精力的に勉強に打ち込んだりする人もいるでしょ
う。普段関わることのないような人々と、熱くやりとりするこ
とになるかもしれません。「遠い世界」に積極的に踏み込んでい

52

くことで、一気に成長できます。5月頃から一人でコツコツ学んできたことがある人は、その学びのレベルを一気に引き上げてもらえるかもしれません。

◆ 手に入れたものの、使い途を考える。

先月からの「熱い経済活動」は上旬を過ぎる頃には一段落しますが、その「後処理」「後片付け」のような作業が発生するかもしれません。情熱的に手に入れたものの「使い途」を一つ一つ決めていくような「整理」ができそうです。

♥ 「恋愛」の醍醐味を生きる。

強い愛の追い風が吹く、キラキラの愛の季節です。2023年後半からのテーマである「コミュニケーション」の力を駆使し、意中の人に話しかける機会を多く持てます。カップルもとても率直に対話できるでしょう。愛の世界では相手の気持ちがとても気になったり、そのために不安定になったりするものですが、心が揺れても大丈夫。それこそが「恋」です。

≫「10月 全体の星模様」≪

獅子座の金星が9日に乙女座へ、天秤座の火星が12日に蠍座へ、それぞれ移動します。月の上旬は前月の雰囲気に繋がっていますが、中旬に入る頃にはガラッと変わり、熱いチャレンジの雰囲気が強まるでしょう。15日、天秤座で日食が起こります。人間関係の大きな転換点です。月末には木星の近くで月食、2023年のテーマの「マイルストーン」的な出来事の気配が。

MONTHLY
HOROSCOPE

11

NOVEMBER

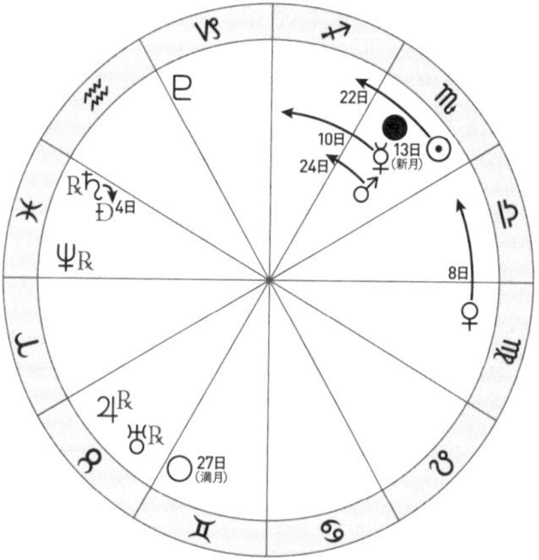

◈思い切って、カベの向こう側へ。

「冒険と学び」の時間です。特にここでは突発的に遠出する人が多そうです。この時期の「遠出・冒険」には、自分の殻を破るような、勇気を出してカベを越えていくような、強いインパクトが含まれています。ここであなたが踏み入った場は、この先腰を落ち着けることになる世界かもしれません。

◈素敵な贈り物の季節。

経済的に嬉しいことが多い時です。「お金の巡りが良くなる」時で、経済的な人間関係が広がりを見せる気配も。「ギブアンドテイク」「ウインーウイン」のようなことの歯車がきちんと噛み合います。また、素敵なギフトを受け取ったり、自分から贈った

ものをとても喜んでもらえたりする場面も。純粋な「贈与」で気持ちが伝わります。誰かがあなたのために、特別なものや機会を用意してくれる気配も。

◇頑張った時は、その履歴を残す。

仕事や対外的な活動に、爽やかな忙しさが出てきます。あちこちから出動要請され、バタバタと動き回ることになりそうです。この時期の仕事は「誰の成果か」ということが曖昧にされがちかもしれません。できるだけ「自分が動いた」という履歴を残しておくと、後で役に立ちそうです。

♥愛の世界で、欲しいもの。 ♥ ♥ ♥

月の上旬はキラキラした時間が続いています。月の半ばに入ると、ここまでに進展した関係を安定軌道に乗せるフェーズに移行します。特に、ギフトのやりとりやフィジカルなコミュニケーションが盛り上がりそうです。愛を探している人は、自分の内なる「欲」を肯定することで、前進できそうです。

≫ **11月 全体の星模様** ≪

火星は24日まで蠍座に、金星は8日から天秤座に入ります。どちらも「自宅」の配置で、パワフルです。愛と情熱、人間関係と闘争に関して、大きな勢いが生まれるでしょう。他者との関わりが密度を増します。水星は10日から射手座に入りますが、ここでは少々浮き足立つ感じがあります。特に、コミュニケーションや交通に関して、「脱線」が生じやすいかもしれません。

MONTHLY
HOROSCOPE

12

DECEMBER

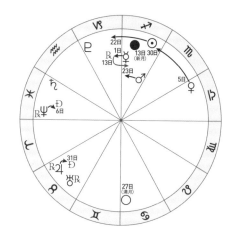

◆勇気を出してチャンスを掴む。

ガンガン勝負できる、大活躍の季節です。ここ半年の間に学ん
だことを、「勝負の場で試せる」ような展開もありそうです。あ
るいは、この時期に経験したことがそのまま、強力な実力に変
わるのかもしれません。少々難しそうなチャンスでも、思い切
って掴んでみれば難なく自分のものにできます。

◆力が「通用する」という体験。

2023年後半は「学びとコミュニケーションの季節」でしたが、
その最も面白いところ、楽しい部分がこの12月に巡ってくるか
もしれません。苦労して語りかけてきた相手が、この時期に心
を開いてくれるかもしれません。相手を説得できたり、理解で

きたりする瞬間が巡ってくるかもしれません。あなたの知的活動を目上の人が高く評価してくれる可能性も。また、アウェイの環境で自分の力が「ちゃんと通用する」ことがわかり、新たな自信が湧いてくるかもしれません。

◆「その先」に繋がっていく、嬉しい再会。

交友関係、仲間との関係が「復活」するかもしれません。懐かしい人々と再会したり、チームを「再結成」したりすることになりそうです。年末年始は旧交をあたためる機会が増えますが、今回は特に「その先」に繋がっていくようです。

♥遠くから吹いてくる風。

やわらかな追い風が吹きます。愛する人と一緒に行動する機会が増えるでしょう。特に、一緒に遠出したり、ともに学んだりと、「二人で新しい風に当たる」ような場面があるはずです。知らないことを素直に知らないと認め、率直に学び合う姿勢が、愛を育てます。愛を探している人は、旅先にチャンスが。

》》12月 全体の星模様 《

火星は射手座に、金星は蠍座に、水星は山羊座に入ります。年末らしく忙しい雰囲気です。経済は沸騰気味、グローバルなテーマが注目されそうです。13日が転換点で射手座の新月、水星が逆行開始です。ここまで外へ外へと広がってきたものが、一転して内向きに展開し始める可能性も。27日、蟹座の満月は水星、木星と小三角を組み、今年1年の「まとめ」を照らし出します。

HOSHIORI

月と星で読む
魚座 365日のカレンダー

◆月の巡りで読む、12種類の日。

　毎日の占いをする際、最も基本的な「時計の針」となるのが、月の動きです。「今日、月が何座にいるか」がわかれば、今日のあなたの生活の中で、どんなテーマにスポットライトが当たっているかがわかります（P.64からの「365日のカレンダー」に、毎日の月のテーマが書かれています。☽マークは新月や満月など、◆マークは星の動きです）。

　本書では、月の位置による「その日のテーマ」を、右の表のように表しています。

　月は1ヵ月で12星座を一回りするので、一つの星座に2日半ほど滞在します。ゆえに、右の表の「○○の日」は、毎日変わるのではなく、2日半ほどで切り替わります。

　月が星座から星座へと移動するタイミングが、切り替えの時間です。この「切り替えの時間」はボイドタイムの終了時間と同じです。

1. **スタートの日**：物事が新しく始まる日。
「仕切り直し」ができる、フレッシュな雰囲気の日。

2. **お金の日**：経済面・物質面で動きが起こりそうな日。
自分の手で何かを創り出せるかも。

3. **メッセージの日**：素敵なコミュニケーションが生まれる。
外出、勉強、対話の日。待っていた返信が来る。

4. **家の日**：身近な人や家族との関わりが豊かになる。
家事や掃除など、家の中のことをしたくなるかも。

5. **愛の日**：恋愛他、愛全般に追い風が吹く日。
好きなことができる。自分の時間を作れる。

6. **メンテナンスの日**：体調を整えるために休む人も。
調整や修理、整理整頓、実務などに力がこもる。

7. **人に会う日**：文字通り「人に会う」日。
人間関係が活性化する。「提出」のような場面も。

8. **プレゼントの日**：素敵なギフトを受け取れそう。
他人のアクションにリアクションするような日。

9. **旅の日**：遠出することになるか、または、
遠くから人が訪ねてくるかも。専門的学び。

10. **達成の日**：仕事や勉強など、頑張ってきたことについて、
何らかの結果が出るような日。到達。

11. **友だちの日**：交友関係が広がる、賑やかな日。
目指している夢や目標に一歩近づけるかも。

12. **ひみつの日**：自分一人の時間を持てる日。
自分自身としっかり対話できる。

◆ 太陽と月と星々が巡る「ハウス」のしくみ。

　前ページの、月の動きによる日々のテーマは「ハウス」というしくみによって読み取れます。

　「ハウス」は、「世俗のハウス」とも呼ばれる、人生や生活の様々なイベントを読み取る手法です。12星座の一つ一つを「部屋」に見立て、そこに星が出入りすることで、その時間に起こる出来事の意義やなりゆきを読み取ろうとするものです。

　自分の星座が「第1ハウス」で、そこから反時計回りに12まで数字を入れてゆくと、ハウスの完成です。

第1ハウス：「自分」のハウス
第2ハウス：「生産」のハウス
第3ハウス：「コミュニケーション」のハウス
第4ハウス：「家」のハウス
第5ハウス：「愛」のハウス
第6ハウス：「任務」のハウス
第7ハウス：「他者」のハウス
第8ハウス：「ギフト」のハウス
第9ハウス：「旅」のハウス
第10ハウス：「目標と結果」のハウス
第11ハウス：「夢と友」のハウス
第12ハウス：「ひみつ」のハウス

例：魚座の人の場合

自分の星座が
第1ハウス

反時計回り

たとえば、今日の月が射手座に位置していたとすると、この日は「第10ハウスに月がある」ということになります。

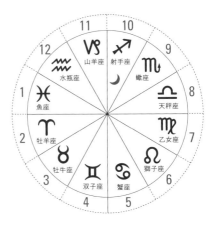

前々ページの「〇〇の日」の前に打ってある数字は、実はハウスを意味しています。「第10ハウスに月がある」日は、「10. 達成の日」です。

太陽と月、水星から海王星までの惑星、そして準惑星の冥王星が、この12のハウスをそれぞれのスピードで移動していきます。「どの星がどのハウスにあるか」で、その時間のカラーやそのとき起こっていることの意味を、読み解くことができるのです。詳しくは『星読み＋ 2022〜2032年データ改訂版』（幻冬舎コミックス刊）、または『月で読むあしたの星占い』（すみれ書房刊）でどうぞ！

1 ·JANUARY·

1	日	お金の日 ▶ メッセージの日 [ボイド 〜02:10]
		「動き」が出てくる。コミュニケーションの活性。

2	月	メッセージの日
		待っていた朗報が届く。勉強が捗る。外に出たくなる日。

3	火	メッセージの日 ▶ 家の日 [ボイド 07:17〜11:46]
		生活環境や身内に目が向かう。原点回帰。 ◆金星が「ひみつ」のハウスへ。これ以降、純粋な愛情から行動できる。一人の時間の充実も。

4	水	家の日
		「普段の生活」が充実。身内との関係強化。環境改善ができる。

5	木	家の日 ▶ 愛の日 [ボイド 09:09〜23:16]
		愛の追い風が吹く。好きなことができる。

6	金	愛の日
		愛について嬉しいことがある。子育て、趣味、創作にも追い風が。

7	土	○愛の日
		愛について嬉しいことがある。子育て、趣味、創作にも追い風が。 ♪「愛」のハウスで満月。愛が「満ちる」「実る」とき。クリエイティブな作品の完成。

8	日	愛の日 ▶ メンテナンスの日 [ボイド 07:25〜11:42]
		「やりたいこと」から「やるべきこと」へのシフト。

9	月	メンテナンスの日
		生活や心身の故障部分を修理できる。ケアしたり、されたり。

10	火	メンテナンスの日 [ボイド 10:54〜]
		生活や心身の故障部分を修理できる。ケアしたり、されたり。

11	水	メンテナンスの日 ▶ 人に会う日 [ボイド 〜00:17]
		「自分の世界」から「外界」へ出るような節目。

12	木	人に会う日
		人に会ったり、会う約束をしたりする日。出会いの気配も。

13	金	人に会う日 ▶ プレゼントの日 [ボイド 08:08〜11:58]
		他者との関係に、さらに一歩踏み込めるように。 ◆火星が「家」のハウスで順行へ。居場所の構築に再着手できる。盛大に環境を変えられる。

14	土	プレゼントの日
		人から貴重なものを受け取れる。提案を受ける場面も。

15	日	☽プレゼントの日 ▶ 旅の日 [ボイド 17:41〜21:10]
		遠い場所との間に、橋が架かり始める。

16	月	旅の日
		遠出したり、遠くから人が訪ねてくれたりする日。発信力も増す。

17 火　旅の日　　　　　　　　　　　　　　　　　　　　　　　［ボイド 23:29〜］
遠出したり、遠くから人が訪ねてくれたりする日。発信力も増す。

18 水　旅の日 ▶ 達成の日　　　　　　　　　　　　　　　　　　［ボイド 〜02:35］
意欲が湧く。はっきりした成果が出る時間へ。
◆水星が「夢と友」のハウスで順行へ。交友関係の正常化、ネットワーク拡大の動きが再開する。

19 木　達成の日　　　　　　　　　　　　　　　　　　　　　　　［ボイド 19:10〜］
目標に手が届く。結果が出る日。人から認められる場面も。

20 金　達成の日 ▶ 友だちの日　　　　　　　　　　　　　　　　［ボイド 〜04:13］
肩の力が抜け、伸びやかな気持ちになれる。
◆太陽が「ひみつ」のハウスへ。新しい1年を目前にしての、振り返りと準備の時期。

21 土　友だちの日
未来のプランを立てる。友だちと過ごせる。チームワーク。

22 日　● 友だちの日 ▶ ひみつの日　　　　　　　　　　　　　［ボイド 00:54〜03:30］
ざわめきから少し離れたくなる。自分の時間。
☽「ひみつ」のハウスで新月。密かな迷いから解放される。自他を救うための行動を起こす。

23 月　ひみつの日　　　　　　　　　　　　　　　　　　　　　　［ボイド 19:21〜］
一人の時間。過去を振り返り、戦略を練る。自分を大事にする。
◆天王星が「コミュニケーション」のハウスで順行へ。新しいコミュニケーションの方法を試したくなる。

24 火　ひみつの日 ▶ スタートの日　　　　　　　　　　　　　　［ボイド 〜02:37］
新しいことを始めやすい時間に切り替わる。

25 水　スタートの日
主役の意識で動く。新しい選択肢を選べる。気持ちが切り替わる。

26 木　スタートの日 ▶ お金の日　　　　　　　　　　　　　　　［ボイド 01:13〜03:50］
物質面・経済活動が活性化する時間に入る。

27 金　お金の日
いわゆる「金運がいい」日。実入りが良く、いい買い物もできそう。
◆金星が「自分」のハウスに。あなたの魅力が輝く季節の到来。愛に恵まれる楽しい日々へ。

28 土　お金の日 ▶ メッセージの日　　　　　　　　　　　　　　［ボイド 06:03〜08:44］
「動き」が出てくる。コミュニケーションの活性。

29 日　◑ メッセージの日
待っていた朗報が届く。勉強が捗る。外に出たくなる日。

30 月　メッセージの日 ▶ 家の日　　　　　　　　　　　　　　　［ボイド 14:54〜17:36］
生活環境や身内に目が向かう。原点回帰。

31 火　家の日
「普段の生活」が充実。身内との関係強化。環境改善ができる。

2 ·FEBRUARY·

1 水
家の日 [ボイド 21:00〜]
「普段の生活」が充実。身内との関係強化。環境改善ができる。

2 木
家の日 ▶ 愛の日 [ボイド 〜05:13]
愛の追い風が吹く。好きなことができる。

3 金
愛の日
愛について嬉しいことがある。子育て、趣味、創作にも追い風が。

4 土
愛の日 ▶ メンテナンスの日 [ボイド 15:21〜17:50]
「やりたいこと」から「やるべきこと」へのシフト。

5 日
メンテナンスの日
生活や心身の故障部分を修理できる。ケアしたり、されたり。

6 月
○ メンテナンスの日 [ボイド 23:17〜]
生活や心身の故障部分を修理できる。ケアしたり、されたり。
♪「任務」のハウスで満月。日々の努力や蓄積が「実る」。自他の体調のケアに留意。

7 火
メンテナンスの日 ▶ 人に会う日 [ボイド 〜06:16]
「自分の世界」から「外界」へ出るような節目。

8 水
人に会う日
人に会ったり、会う約束をしたりする日。出会いの気配も。

9 木
人に会う日 ▶ プレゼントの日 [ボイド 15:42〜17:48]
他者との関係に、さらに一歩踏み込めるように。

10 金
プレゼントの日
人から貴重なものを受け取れる。提案を受ける場面も。

11 土
プレゼントの日
人から貴重なものを受け取れる。提案を受ける場面も。
◆水星が「ひみつ」のハウスへ。思考が深まる。思索、瞑想、誰かのための勉強。記録の精査。

12 日
プレゼントの日 ▶ 旅の日 [ボイド 01:43〜03:36]
遠い場所との間に、橋が架かり始める。

13 月
旅の日
遠出したり、遠くから人が訪ねてくれたりする日。発信力も増す。

14 火
◑ 旅の日 ▶ 達成の日 [ボイド 08:54〜10:33]
意欲が湧く。はっきりした成果が出る時間へ。

15 水
達成の日
目標に手が届く。結果が出る日。人から認められる場面も。

16 木
達成の日 ▶ 友だちの日 [ボイド 10:07〜14:01]
肩の力が抜け、伸びやかな気持ちになれる。

17 金
友だちの日
未来のプランを立てる。友だちと過ごせる。チームワーク。

18 土   友だちの日 ▶ ひみつの日   [ボイド 13:19〜14:36]
ざわめきから少し離れたくなる。自分の時間。

19 日   ひみつの日
一人の時間。過去を振り返り、戦略を練る。自分を大事にする。
◆太陽が「自分」のハウスへ。お誕生月の始まり、新しい1年への
「扉」を開くとき。

20 月   ● ひみつの日 ▶ スタートの日   [ボイド 11:02〜13:58]
新しいことを始めやすい時間に切り替わる。
🌙「自分」のハウスで新月。大切なことがスタートする節目。フレッ
シュな「切り替え」。◆金星が「生産」のハウスへ。経済活動の活性
化、上昇気流。物質的豊かさの開花。

21 火   スタートの日
主役の意識で動く。新しい選択肢を選べる。気持ちが切り替わる。

22 水   スタートの日 ▶ お金の日   [ボイド 13:07〜14:15]
物質面・経済活動が活性化する時間に入る。

23 木   お金の日
いわゆる「金運がいい」日。実入りが良く、いい買い物もできそう。

24 金   お金の日 ▶ メッセージの日   [ボイド 16:23〜17:31]
「動き」が出てくる。コミュニケーションの活性。

25 土   メッセージの日
待っていた朗報が届く。勉強が捗る。外に出たくなる日。

26 日   メッセージの日   [ボイド 23:44〜]
待っていた朗報が届く。勉強が捗る。外に出たくなる日。

27 月   ◑ メッセージの日 ▶ 家の日   [ボイド 〜00:49]
生活環境や身内に目が向かう。原点回帰。

28 火   家の日
「普段の生活」が充実。身内との関係強化。環境改善ができる。

3 ·MARCH·

1 水　家の日 ▶ 愛の日　　　　　　　　　　　　　　　[ボイド 10:09～11:42]
愛の追い風が吹く。好きなことができる。

2 木　愛の日
愛について嬉しいことがある。子育て、趣味、創作にも追い風が。

3 金　愛の日　　　　　　　　　　　　　　　　　　　[ボイド 23:24～]
愛について嬉しいことがある。子育て、趣味、創作にも追い風が。
◆水星が「自分」のハウスへ。知的活動が活性化。若々しい気持ち、
行動力。発言力の強化。

4 土　愛の日 ▶ メンテナンスの日　　　　　　　　　　[ボイド ～00:17]
「やりたいこと」から「やるべきこと」へのシフト。

5 日　メンテナンスの日
生活や心身の故障部分を修理できる。ケアしたり、されたり。

6 月　メンテナンスの日 ▶ 人に会う日　　　　　　　　[ボイド 12:20～12:40]
「自分の世界」から「外界」へ出るような節目。

7 火　○人に会う日
人に会ったり、会う約束をしたりする日。出会いの気配も。
🌙「他者」のハウスで満月。誰かとの一対一の関係が「満ちる」。交
渉の成立、契約。◆土星が「自分」のハウスへ。ここから約2年半を
かけて、新しいパワーを手に入れる。

8 水　人に会う日 ▶ プレゼントの日　　　　　　　　　[ボイド 23:09～23:46]
他者との関係に、さらに一歩踏み込めるように。

9 木　プレゼントの日
人から貴重なものを受け取れる。提案を受ける場面も。

10 金　プレゼントの日
人から貴重なものを受け取れる。提案を受ける場面も。

11 土　プレゼントの日 ▶ 旅の日　　　　　　　　　　　[ボイド 08:38～09:07]
遠い場所との間に、橋が架かり始める。

12 日　旅の日
遠出したり、遠くから人が訪ねてくれたりする日。発信力も増す。

13 月　旅の日 ▶ 達成の日　　　　　　　　　　　　　[ボイド 16:00～16:22]
意欲が湧く。はっきりした成果が出る時間へ。

14 火　達成の日
目標に手が届く。結果が出る日。人から認められる場面も。

15 水　◑達成の日 ▶ 友だちの日　　　　　　　　　　[ボイド 17:52～21:07]
肩の力が抜け、伸びやかな気持ちになれる。

16 木　友だちの日
未来のプランを立てる。友だちと過ごせる。チームワーク。

17	金	友だちの日 ▶ ひみつの日　　　　　　　　　　　[ボイド 23:15〜23:27] ざわめきから少し離れたくなる。自分の時間。 ◆金星が「コミュニケーション」のハウスへ。喜びある学び、対話、外出。言葉による優しさ、愛の伝道。
18	土	ひみつの日 一人の時間。過去を振り返り、戦略を練る。自分を大事にする。
19	日	ひみつの日　　　　　　　　　　　　　　　　　[ボイド 19:35〜] 一人の時間。過去を振り返り、戦略を練る。自分を大事にする。 ◆水星が「生産」のハウスへ。経済活動に知性を活かす。情報収集、経営戦略。在庫整理。
20	月	ひみつの日 ▶ スタートの日　　　　　　　　　[ボイド 〜00:14] 新しいことを始めやすい時間に切り替わる。
21	火	スタートの日 主役の意識で動く。新しい選択肢を選べる。気持ちが切り替わる。 ◆太陽が「生産」のハウスへ。1年のサイクルの中で「物質的・経済的土台」を整備する。
22	水	●スタートの日 ▶ お金の日　　　　　　　　　[ボイド 01:00〜01:03] 物質面・経済活動が活性化する時間に入る。 ◗「生産」のハウスで新月。新しい経済活動をスタートさせる。新しいものを手に入れる。
23	木	お金の日 いわゆる「金運がいい」日。実入りが良く、いい買い物もできそう。 ◆冥王星が「ひみつ」のハウスへ。ここから2043年頃にかけ、深い精神的変容を遂げることになる。
24	金	お金の日 ▶ メッセージの日　　　　　　　　　[ボイド 02:15〜03:44] 「動き」が出てくる。コミュニケーションの活性。
25	土	メッセージの日 待っていた朗報が届く。勉強が捗る。外に出たくなる日。 ◆火星が「愛」のハウスへ。情熱的な愛、積極的自己表現。愛と理想のための戦い。
26	日	メッセージの日 ▶ 家の日　　　　　　　　　　[ボイド 01:21〜09:43] 生活環境や身内に目が向かう。原点回帰。
27	月	家の日 「普段の生活」が充実。身内との関係強化。環境改善ができる。
28	火	家の日 ▶ 愛の日　　　　　　　　　　　　　　[ボイド 10:41〜19:24] 愛の追い風が吹く。好きなことができる。
29	水	◗愛の日 愛について嬉しいことがある。子育て、趣味、創作にも追い風が。
30	木	愛の日　　　　　　　　　　　　　　　　　　[ボイド 22:47〜] 愛について嬉しいことがある。子育て、趣味、創作にも追い風が。
31	金	愛の日 ▶ メンテナンスの日　　　　　　　　　[ボイド 〜07:33] 「やりたいこと」から「やるべきこと」へのシフト。

4 ·APRIL·

1 土 メンテナンスの日
生活や心身の故障部分を修理できる。ケアしたり、されたり。

2 日 メンテナンスの日 ▶ 人に会う日　　　　　　　　[ボイド 15:05〜19:59]
「自分の世界」から「外界」へ出るような節目。

3 月 人に会う日
人に会ったり、会う約束をしたりする日。出会いの気配も。

4 火 人に会う日　　　　　　　　　　　　　　　　[ボイド 22:52〜]
人に会ったり、会う約束をしたりする日。出会いの気配も。
◆水星が「コミュニケーション」のハウスへ。知的活動の活性化、コ
ミュニケーションの進展。学習の好機。

5 水 人に会う日 ▶ プレゼントの日　　　　　　　　　[ボイド 〜06:53]
他者との関係に、さらに一歩踏み込めるように。

6 木 ○プレゼントの日　　　　　　　　　　　　　　[ボイド 21:44〜]
人から貴重なものを受け取れる。提案を受ける場面も。
☽「ギフト」のハウスで満月。人から「満を持して」手渡されるものが
ある。他者との融合。

7 金 プレゼントの日 ▶ 旅の日　　　　　　　　　　　[ボイド 〜15:31]
遠い場所との間に、橋が架かり始める。

8 土 旅の日
遠出したり、遠くから人が訪ねてくれたりする日。発信力も増す。

9 日 旅の日 ▶ 達成の日　　　　　　　　　　　　[ボイド 18:11〜21:58]
意欲が湧く。はっきりした成果が出る時間へ。

10 月 達成の日
目標に手が届く。結果が出る日。人から認められる場面も。

11 火 達成の日　　　　　　　　　　　　　　　　[ボイド 19:49〜]
目標に手が届く。結果が出る日。人から認められる場面も。
◆金星が「家」のハウスへ。身近な人とのあたたかな交流。愛着。
居場所を美しくする。

12 水 達成の日 ▶ 友だちの日　　　　　　　　　　　[ボイド 〜02:35]
肩の力が抜け、伸びやかな気持になれる。

13 木 ☽友だちの日　　　　　　　　　　　　　　　[ボイド 23:16〜]
未来のプランを立てる。友だちと過ごせる。チームワーク。

14 金 友だちの日 ▶ ひみつの日　　　　　　　　　　[ボイド 〜05:44]
ざわめきから少し離れたくなる。自分の時間。

15 土 ひみつの日
一人の時間。過去を振り返り、戦略を練る。自分を大事にする。

16 日 ひみつの日 ▶ スタートの日　　　　　　　[ボイド 00:17〜07:58]
新しいことを始めやすい時間に切り替わる。

17	月	スタートの日 主役の意識で動く。新しい選択肢を選べる。気持ちが切り替わる。
18	火	スタートの日 ▶ お金の日 [ボイド 03:59〜10:11] 物質面・経済活動が活性化する時間に入る。
19	水	お金の日 いわゆる「金運がいい」日。実入りが良く、いい買い物もできそう。
20	木	●お金の日 ▶ メッセージの日 [ボイド 13:14〜13:31] 「動き」が出てくる。コミュニケーションの活性。 ☽「生産」のハウスで日食。経済的に、ドラマティックなスタートを切ることができそう。◆太陽が「コミュニケーション」のハウスへ。1年のサイクルの中でコミュニケーションを繋ぎ直すとき。
21	金	メッセージの日 待っていた朗報が届く。勉強が捗る。外に出たくなる日。 ◆水星が「コミュニケーション」のハウスで逆行開始。過去に遡るコミュニケーション。対話の積み重ね。
22	土	メッセージの日 ▶ 家の日 [ボイド 12:43〜19:13] 生活環境や身内に目が向かう。原点回帰。
23	日	家の日 「普段の生活」が充実。身内との関係強化。環境改善ができる。
24	月	家の日 [ボイド 21:17〜] 「普段の生活」が充実。身内との関係強化。環境改善ができる。
25	火	家の日 ▶ 愛の日 [ボイド 〜04:00] 愛の追い風が吹く。好きなことができる。
26	水	愛の日 愛について嬉しいことがある。子育て、趣味、創作にも追い風が。
27	木	愛の日 ▶ メンテナンスの日 [ボイド 08:42〜15:31] 「やりたいこと」から「やるべきこと」へのシフト。
28	金	●メンテナンスの日 生活や心身の故障部分を修理できる。ケアしたり、されたり。
29	土	メンテナンスの日 [ボイド 19:54〜] 生活や心身の故障部分を修理できる。ケアしたり、されたり。
30	日	メンテナンスの日 ▶ 人に会う日 [ボイド 〜04:01] 「自分の世界」から「外界」へ出るような節目。

5 ・MAY・

1 月
人に会う日
人に会ったり、会う約束をしたりする日。出会いの気配も。

2 火
人に会う日 ▶ プレゼントの日　　　　　　　　[ボイド 08:54〜15:11]
他者との関係に、さらに一歩踏み込めるように。
◆冥王星が「ひみつ」のハウスで逆行開始。心の中の最も暗い場所まで降りていくプロセスへ。

3 水
プレゼントの日
人から貴重なものを受け取れる。提案を受ける場面も。

4 木
プレゼントの日 ▶ 旅の日　　　　　　　　　　[ボイド 18:18〜23:34]
遠い場所との間に、橋が架かり始める。

5 金
旅の日
遠出したり、遠くから人が訪ねてくれたりする日。発信力も増す。

6 土
○旅の日　　　　　　　　　　　　　　　　　　[ボイド 23:39〜]
遠出したり、遠くから人が訪ねてくれたりする日。発信力も増す。
☽「旅」のハウスで月食。遠い場所に不思議な形で「ワープ」できるようなとき。思想の再生。

7 日
旅の日 ▶ 達成の日　　　　　　　　　　　　　[ボイド 〜05:06]
意欲が湧く。はっきりした成果が出る時間へ。
◆金星が「愛」のハウスへ。華やかな愛の季節の始まり。創造的活動への強い追い風。

8 月
達成の日
目標に手が届く。結果が出る日。人から認められる場面も。

9 火
達成の日 ▶ 友だちの日　　　　　　　　　　　[ボイド 05:30〜08:35]
肩の力が抜け、伸びやかな気持ちになれる。

10 水
友だちの日
未来のプランを立てる。友だちと過ごせる。チームワーク。

11 木
友だちの日 ▶ ひみつの日　　　　　　　　　　[ボイド 08:54〜11:07]
ざわめきから少し離れたくなる。自分の時間。

12 金
●ひみつの日
一人の時間。過去を振り返り、戦略を練る。自分を大事にする。

13 土
ひみつの日 ▶ スタートの日　　　　　　　　　[ボイド 12:17〜13:41]
新しいことを始めやすい時間に切り替わる。

14 日
スタートの日
主役の意識で動く。新しい選択肢を選べる。気持ちが切り替わる。

15 月
スタートの日 ▶ お金の日　　　　　　　　　　[ボイド 11:58〜16:57]
物質面・経済活動が活性化する時間に入る。
◆水星が「コミュニケーション」のハウスで順行へ。コミュニケーションや勉強に関し、リズムが整っていく。

16	火	お金の日
		いわゆる「金運がいい」日。実入りが良く、いい買い物もできそう。

17 水
お金の日 ▶ メッセージの日　　　　　　　　　　　　[ボイド 18:11〜21:29]
「動き」が出てくる。コミュニケーションの活性化。
◆木星が「コミュニケーション」のハウスへ。コミュニケーションや教養に関する1年間の成長期に入る。

18 木
メッセージの日
待っていた朗報が届く。勉強が捗る。外に出たくなる日。

19 金
メッセージの日
待っていた朗報が届く。勉強が捗る。外に出たくなる日。

20 土
●メッセージの日 ▶ 家の日　　　　　　　　　　　　[ボイド 02:52〜03:49]
生活環境や身内に目が向かう。原点回帰。
☽「コミュニケーション」のハウスで新月。新しいコミュニケーションが始まる。学び始める。朗報も。

21 日
家の日
「普段の生活」が充実。身内との関係強化。環境改善ができる。
◆火星が「任務」のハウスへ。多忙期へ。長く走り続けるための必要条件を、戦って勝ち取る。◆太陽が「家」のハウスへ。1年のサイクルの中で「居場所・家・心」を整備し直すとき。

22 月
家の日 ▶ 愛の日　　　　　　　　　　　　　　　　[ボイド 07:13〜12:30]
愛の追い風が吹く。好きなことができる。

23 火
愛の日
愛について嬉しいことがある。子育て、趣味、創作にも追い風が。

24 水
愛の日 ▶ メンテナンスの日　　　　　　　　　　　[ボイド 18:14〜23:36]
「やりたいこと」から「やるべきこと」へのシフト。

25 木
メンテナンスの日
生活や心身の故障部分を修理できる。ケアしたり、されたり。

26 金
メンテナンスの日　　　　　　　　　　　　　　　　[ボイド 15:40〜]
生活や心身の故障部分を修理できる。ケアしたり、されたり。

27 土
メンテナンスの日 ▶ 人に会う日　　　　　　　　　[ボイド 〜12:07]
「自分の世界」から「外界」へ出るような節目。

28 日
●人に会う日
人に会ったり、会う約束をしたりする。出会いの気配も。

29 月
人に会う日 ▶ プレゼントの日　　　　　　　　　　[ボイド 18:47〜23:52]
他者との関係に、さらに一歩踏み込めるように。

30 火
プレゼントの日
人から貴重なものを受け取れる。提案を受ける場面も。

31 水
プレゼントの日　　　　　　　　　　　　　　　　　[ボイド 23:55〜]
人から貴重なものを受け取れる。提案を受ける場面も。

6 ·JUNE·

1 木
プレゼントの日 ▶ 旅の日 　　　　　　　　　　　　　　[ボイド 〜08:47]
遠い場所との間に、橋が架かり始める。

2 金
旅の日
遠出したり、遠くから人が訪ねてくれたりする日。発信力も増す。

3 土
旅の日 ▶ 達成の日 　　　　　　　　　　　　　[ボイド 09:53〜14:05]
意欲が湧く。はっきりした成果が出る時間へ。

4 日
○達成の日
目標に手が届く。結果が出る日。人から認められる場面も。
☽「目標と結果」のハウスで満月。目標達成のとき。社会的立場が
一段階上がるような節目。

5 月
達成の日 ▶ 友だちの日 　　　　　　　　　　　[ボイド 12:25〜16:33]
肩の力が抜け、伸びやかな気持ちになれる。
◆金星が「任務」のハウスへ。美しい生活スタイルの実現。美のた
めの習慣。楽しい仕事。

6 火
友だちの日
未来のプランを立てる。友だちと過ごせる。チームワーク。

7 水
友だちの日 ▶ ひみつの日 　　　　　　　　　　[ボイド 13:41〜17:43]
ざわめきから少し離れたくなる。自分の時間。

8 木
ひみつの日
一人の時間。過去を振り返り、戦略を練る。自分を大事にする。

9 金
ひみつの日 ▶ スタートの日 　　　　　　　　　[ボイド 13:25〜19:16]
新しいことを始めやすい時間に切り替わる。

10 土
スタートの日
主役の意識で動く。新しい選択肢を選べる。気持ちが切り替わる。

11 日
◑スタートの日 ▶ お金の日 　　　　　　　　　[ボイド 22:22〜22:22]
物質面・経済活動が活性化する時間に入る。
◆逆行中の冥王星が「夢と友」のハウスへ。2008年頃からの濃い
交友関係を振り返る時間に入る。◆水星が「家」のハウスへ。来訪
者。身近な人との対話。若々しい風が居場所に吹き込む。

12 月
お金の日
いわゆる「金運がいい」日。実入りが良く、いい買い物もできそう。

13 火
お金の日
いわゆる「金運がいい」日。実入りが良く、いい買い物もできそう。

14 水
お金の日 ▶ メッセージの日 　　　　　　　　　[ボイド 03:28〜03:33]
「動き」が出てくる。コミュニケーションの活性。

15 木
メッセージの日
待っていた朗報が届く。勉強が捗る。外に出たくなる日。

16 金
メッセージの日 ▶ 家の日 　　　　　　　　　　[ボイド 10:38〜10:47]
生活環境や身内に目が向かう。原点回帰。

17 土 家の日
「普段の生活」が充実。身内との関係強化。環境改善ができる。

18 日 ●家の日 ▶ 愛の日 [ボイド 15:26〜19:59]
愛の追い風が吹く。好きなことができる。
土星が「自分」のハウスで逆行開始。緊張を緩め、周囲を見渡す
余裕が出てくる。☽「家」のハウスで新月。心の置き場所が新たに
定まる。日常に新しい風が吹き込む。

19 月 愛の日
愛について嬉しいことがある。子育て、趣味、創作にも追い風が。

20 火 愛の日
愛について嬉しいことがある。子育て、趣味、創作にも追い風が。

21 水 愛の日 ▶ メンテナンスの日 [ボイド 06:45〜07:06]
「やりたいこと」から「やるべきこと」へのシフト。
◆太陽が「愛」のハウスへ。1年のサイクルの中で「愛・喜び・創
造性」を再生するとき。

22 木 メンテナンスの日
生活や心身の故障部分を修理できる。ケアしたり、されたり。

23 金 メンテナンスの日 ▶ 人に会う日 [ボイド 02:02〜19:37]
「自分の世界」から「外界」へ出るような節目。

24 土 人に会う日
人に会ったり、会う約束をしたりする日。出会いの気配も。

25 日 人に会う日
人に会ったり、会う約束をしたりする日。出会いの気配も。

26 月 ◑人に会う日 ▶ プレゼントの日 [ボイド 07:26〜07:59]
他者との関係に、さらに一歩踏み込めるように。

27 火 プレゼントの日
人から貴重なものを受け取れる。提案を受ける場面も。
◆水星が「愛」のハウスへ。愛に関する学び、教育。若々しい創造
性、遊び。知的創造。

28 水 プレゼントの日 ▶ 旅の日 [ボイド 17:20〜17:57]
遠い場所との間に、橋が架かり始める。

29 木 旅の日
遠出したり、遠くから人が訪ねてくれたりする日。発信力も増す。

30 金 旅の日 [ボイド 23:22〜]
遠出したり、遠くから人が訪ねてくれたりする日。発信力も増す。

7 ·JULY·

1 土
旅の日 ▶ 達成の日　　　　　　　　　　　　　　　　　　　[ボイド 〜00:01]
意欲が湧く。はっきりした成果が出る時間へ。
◆海王星が「自分」のハウスで逆行開始。心の探検の開始。もう一人の自分を探す旅の始まり。

2 日
達成の日　　　　　　　　　　　　　　　　　　　　　　　[ボイド 22:35〜]
目標に手が届く。結果が出る日。人から認められる場面も。

3 月
○ 達成の日 ▶ 友だちの日　　　　　　　　　　　　　　　　[ボイド 〜02:22]
肩の力が抜け、伸びやかな気持ちになれる。
🌙「夢と友」のハウスで満月。希望してきた条件が整う。友や仲間への働きかけが「実る」。

4 火
友だちの日
未来のプランを立てる。友だちと過ごせる。チームワーク。

5 水
友だちの日 ▶ ひみつの日　　　　　　　　　　　　　　　[ボイド 01:47〜02:32]
ざわめきから少し離れたくなる。自分の時間。

6 木
ひみつの日　　　　　　　　　　　　　　　　　　　　　　[ボイド 22:43〜]
一人の時間。過去を振り返り、戦略を練る。自分を大事にする。

7 金
ひみつの日 ▶ スタートの日　　　　　　　　　　　　　　　[ボイド 〜02:34]
新しいことを始めやすい時間に切り替わる。

8 土
スタートの日
主役の意識で動く。新しい選択肢を選べる。気持ちが切り替わる。

9 日
スタートの日 ▶ お金の日　　　　　　　　　　　　　　　[ボイド 03:24〜04:21]
物質面・経済活動が活性化する時間に入る。

10 月
◐ お金の日
いわゆる「金運がいい」日。実入りが良く、いい買い物もできそう。
◆火星が「他者」のハウスへ。摩擦を怖れぬ対決。一対一の勝負。攻めの交渉。他者からの刺激。

11 火
お金の日 ▶ メッセージの日　　　　　　　　　　　　　　[ボイド 08:13〜08:57]
「動き」が出てくる。コミュニケーションの活性。
◆水星が「任務」のハウスへ。日常生活の整理、整備。健康チェック。心身の調律。

12 水
メッセージの日
待っていた朗報が届く。勉強が捗る。外に出たくなる日。

13 木
メッセージの日 ▶ 家の日　　　　　　　　　　　　　　　[ボイド 15:12〜16:28]
生活環境や身内に目が向かう。原点回帰。

14 金
家の日
「普段の生活」が充実。身内との関係強化。環境改善ができる。

15 土
家の日　　　　　　　　　　　　　　　　　　　　　　　　[ボイド 21:37〜]
「普段の生活」が充実。身内との関係強化。環境改善ができる。

16 日
家の日 ▶ 愛の日   ［ボイド 〜02:15］
愛の追い風が吹く。好きなことができる。

17 月
愛の日
愛について嬉しいことがある。子育て、趣味、創作にも追い風が。

18 火
● 愛の日 ▶ メンテナンスの日   ［ボイド 12:08〜13:41］
「やりたいこと」から「やるべきこと」へのシフト。
☽「愛」のハウスで新月。愛が「生まれる」ようなタイミング。大切なものと結びつく。

19 水
メンテナンスの日
生活や心身の故障部分を修理できる。ケアしたり、されたり。

20 木
メンテナンスの日   ［ボイド 23:10〜］
生活や心身の故障部分を修理できる。ケアしたり、されたり。

21 金
メンテナンスの日 ▶ 人に会う日   ［ボイド 〜02:14］
「自分の世界」から「外界」へ出るような節目。

22 土
人に会う日
人に会ったり、会う約束をしたりする日。出会いの気配も。

23 日
人に会う日 ▶ プレゼントの日   ［ボイド 13:08〜14:56］
他者との関係に、さらに一歩踏み込めるように。
◆金星が「任務」のハウスで逆行開始。心身が真に充足しているかどうか、確かめ始める。◆太陽が「任務」のハウスへ。1年のサイクルの中で「健康・任務・日常」を再構築するとき。

24 月
プレゼントの日
人から貴重なものを受け取れる。提案を受ける場面も。

25 火
プレゼントの日
人から貴重なものを受け取れる。提案を受ける場面も。

26 水
◗ プレゼントの日 ▶ 旅の日   ［ボイド 00:07〜01:57］
遠い場所との間に、橋が架かり始める。

27 木
旅の日
遠出したり、遠から人が訪ねてくれたりする日。発信力も増す。

28 金
旅の日 ▶ 達成の日   ［ボイド 07:38〜09:26］
意欲が湧く。はっきりした成果が出る時間へ。

29 土
達成の日
目標に手が届く。結果が出る日。人から認められる場面も。
◆水星が「他者」のハウスへ。正面から向き合う対話。調整のための交渉。若い人との出会い。

30 日
達成の日 ▶ 友だちの日   ［ボイド 08:53〜12:46］
肩の力が抜け、伸びやかな気持ちになれる。

31 月
友だちの日
未来のプランを立てる。友だちと過ごせる。チームワーク。

8 ・AUGUST・

1	火	友だちの日 ▶ ひみつの日 [ボイド 11:14〜12:59] ざわめきから少し離れたくなる。自分の時間。
2	水	○ ひみつの日 一人の時間。過去を振り返り、戦略を練る。自分を大事にする。 ☽「ひみつ」のハウスで満月。時間をかけて治療してきた傷が癒える。 自他を赦し赦される。
3	木	ひみつの日 ▶ スタートの日 [ボイド 06:17〜12:07] 新しいことを始めやすい時間に切り替わる。
4	金	スタートの日 主役の意識で動く。新しい選択肢を選べる。気持ちが切り替わる。
5	土	スタートの日 ▶ お金の日 [ボイド 10:22〜12:21] 物質面・経済活動が活性化する時間に入る。
6	日	お金の日 いわゆる「金運がいい」日。実入りが良く、いい買い物もできそう。
7	月	お金の日 ▶ メッセージの日 [ボイド 13:14〜15:26] 「動き」が出てくる。コミュニケーションの活性。
8	火	☽ メッセージの日 待っていた朗報が届く。勉強が捗る。外に出たくなる日。
9	水	メッセージの日 ▶ 家の日 [ボイド 19:40〜22:07] 生活環境や身内に目が向かう。原点回帰。
10	木	家の日 「普段の生活」が充実。身内との関係強化。環境改善ができる。
11	金	家の日 「普段の生活」が充実。身内との関係強化。環境改善ができる。
12	土	家の日 ▶ 愛の日 [ボイド 02:29〜07:54] 愛の追い風が吹く。好きなことができる。
13	日	愛の日 愛について嬉しいことがある。子育て、趣味、創作にも追い風が。
14	月	愛の日 ▶ メンテナンスの日 [ボイド 16:48〜19:38] 「やりたいこと」から「やるべきこと」へのシフト。
15	火	メンテナンスの日 生活や心身の故障部分を修理できる。ケアしたり、されたり。
16	水	● メンテナンスの日 [ボイド 18:40〜] 生活や心身の故障部分を修理できる。ケアしたり、されたり。 ☽「任務」のハウスで新月。新しい生活習慣、新しい任務がスタート するとき。体調の調整。
17	木	メンテナンスの日 ▶ 人に会う日 [ボイド 〜08:16] 「自分の世界」から「外界」へ出るような節目。

18	金	人に会う日 人に会ったり、会う約束をしたりする日。出会いの気配も。
19	土	人に会う日 ▶ プレゼントの日　　　　　　　　　[ボイド 17:52〜20:55] 他者との関係に、さらに一歩踏み込めるように。
20	日	プレゼントの日 人から貴重なものを受け取れる。提案を受ける場面も。
21	月	プレゼントの日 人から貴重なものを受け取れる。提案を受ける場面も。
22	火	プレゼントの日 ▶ 旅の日　　　　　　　　　　　[ボイド 05:33〜08:24] 遠い場所との間に、橋が架かり始める。
23	水	旅の日 遠出したり、遠くから人が訪ねてくれたりする日。発信力も増す。 ◆太陽が「他者」のハウスへ。1年のサイクルの中で人間関係を 「結び直す」とき。
24	木	●旅の日 ▶ 達成の日　　　　　　　　　　　　　[ボイド 14:12〜17:09] 意欲が湧く。はっきりした成果が出る時間へ。 ◆水星が「他者」のハウスで逆行開始。人間関係の復活、再会。迷 路を抜けて人に会う。
25	金	達成の日 目標に手が届く。結果が出る日。人から認められる場面も。
26	土	達成の日 ▶ 友だちの日　　　　　　　　　　　[ボイド 20:58〜22:07] 肩の力が抜け、伸びやかな気持ちになれる。
27	日	友だちの日 未来のプランを立てる。友だちと過ごせる。チームワーク。 ◆火星が「ギフト」のハウスへ。誘惑と情熱の呼応。生命の融合。 精神的支配。配当。負債の解消。
28	月	友だちの日 ▶ ひみつの日　　　　　　　　　　[ボイド 20:51〜23:33] ざわめきから少し離れたくなる。自分の時間。
29	火	ひみつの日 一人の時間。過去を振り返り、戦略を練る。自分を大事にする。 ◆天王星が「コミュニケーション」のハウスで逆行開始。あり得なさ そうなアイデアもあえて試し始める。
30	水	ひみつの日 ▶ スタートの日　　　　　　　　　[ボイド 12:06〜22:58] 新しいことを始めやすい時間に切り替わる。
31	木	○スタートの日 主役の意識で動く。新しい選択肢を選べる。気持ちが切り替わる。 ●「自分」のハウスで満月。現在の自分を受け入れられる。誰かに 受け入れてもらえる。

9 • SEPTEMBER •

1 金
スタートの日 ▶ お金の日 　　　　　　　　　　　　　［ボイド 19:37〜22:26］
物質面・経済活動が活性化する時間に入る。

2 土
お金の日
いわゆる「金運がいい」日。実入りが良く、いい買い物もできそう。

3 日
お金の日 　　　　　　　　　　　　　　　　　　　　［ボイド 20:58〜］
いわゆる「金運がいい」日。実入りが良く、いい買い物もできそう。

4 月
お金の日 ▶ メッセージの日 　　　　　　　　　　　　［ボイド 〜00:01］
「動き」が出てくる。コミュニケーションの活性。
◆金星が「任務」のハウスで順行へ。体調や生活リズムが改善に向かう。任務が楽しくなる。◆木星が「コミュニケーション」のハウスで逆行開始。拡大してきたコミュニケーションが「熟成」期へ。

5 火
メッセージの日
待っていた朗報が届く。勉強が捗る。外に出たくなる日。

6 水
メッセージの日 ▶ 家の日 　　　　　　　　　　　　［ボイド 01:48〜05:08］
生活環境や身内に目が向かう。原点回帰。

7 木
◗家の日
「普段の生活」が充実。身内との関係強化。環境改善ができる。

8 金
家の日 ▶ 愛の日 　　　　　　　　　　　　　　　　［ボイド 07:23〜14:01］
愛の追い風が吹く。好きなことができる。

9 土
愛の日
愛について嬉しいことがある。子育て、趣味、創作にも追い風が。

10 日
愛の日 　　　　　　　　　　　　　　　　　　　　　［ボイド 21:49〜］
愛について嬉しいことがある。子育て、趣味、創作にも追い風が。

11 月
愛の日 ▶ メンテナンスの日 　　　　　　　　　　　　［ボイド 〜01:38］
「やりたいこと」から「やるべきこと」へのシフト。

12 火
メンテナンスの日
生活や心身の故障部分を修理できる。ケアしたり、されたり。

13 水
メンテナンスの日 ▶ 人に会う日 　　　　　　　　　　［ボイド 00:07〜14:20］
「自分の世界」から「外界」へ出るような節目。

14 木
人に会う日
人に会ったり、会う約束をしたりする日。出会いの気配も。

15 金
●人に会う日 　　　　　　　　　　　　　　　　　　［ボイド 22:51〜］
人に会ったり、会う約束をしたりする日。出会いの気配も。
☽「他者」のハウスで新月。出会いのとき。誰かとの関係が刷新。未来への約束を交わす。

16 土
人に会う日 ▶ プレゼントの日 　　　　　　　　　　　［ボイド 〜02:46］
他者との関係に、さらに一歩踏み込めるように。
◆水星が「他者」のハウスで順行へ。人間関係に関する混乱からの回復、前進。相互理解。

17	日	プレゼントの日 人から貴重なものを受け取れる。提案を受ける場面も。
18	月	プレゼントの日 ▶ 旅の日　　　　　　　　　　　　　　[ボイド 10:08～14:00] 遠い場所との間に、橋が架かり始める。
19	火	旅の日 遠出したり、遠くから人が訪ねてくれたりする日。発信力も増す。
20	水	旅の日 ▶ 達成の日　　　　　　　　　　　　　　　　[ボイド 19:23～23:08] 意欲が湧く。はっきりした成果が出る時間へ。
21	木	達成の日 目標に手が届く。結果が出る日。人から認められる場面も。
22	金	達成の日 目標に手が届く。結果が出る日。人から認められる場面も。
23	土	●達成の日 ▶ 友だちの日　　　　　　　　　　　　　[ボイド 04:33～05:22] 肩の力が抜け、伸びやかな気持ちになれる。 ◆太陽が「ギフト」のハウスへ。1年のサイクルの中で経済的授受のバランスを見直すとき。
24	日	友だちの日 未来のプランを立てる。友だちと過ごせる。チームワーク。
25	月	友だちの日 ▶ ひみつの日　　　　　　　　　　　　　[ボイド 05:07～08:31] ざわめきから少し離れたくなる。自分の時間。
26	火	ひみつの日　　　　　　　　　　　　　　　　　　　　[ボイド 21:40～] 一人の時間。過去を振り返り、戦略を練る。自分を大事にする。
27	水	ひみつの日 ▶ スタートの日　　　　　　　　　　　　[ボイド ～09:20] 新しいことを始めやすい時間に切り替わる。
28	木	スタートの日 主役の意識で動く。新しい選択肢を選べる。気持ちが切り替わる。
29	金	○スタートの日 ▶ お金の日　　　　　　　　　　　　[ボイド 05:59～09:19] 物質面・経済活動が活性化する時間に入る。 🌙「生産」のハウスで満月。経済的・物質的な努力が実り、収穫が得られる。豊かさ、満足。
30	土	お金の日 いわゆる「金運がいい」日。実入りが良く、いい買い物もできそう。

10 ·OCTOBER·

1	日	お金の日 ▶ メッセージの日	[ボイド 06:51〜10:20]

お金の日 ▶ メッセージの日 [ボイド 06:51〜10:20]
「動き」が出てくる。コミュニケーションの活性。

2 月 メッセージの日
待っていた朗報が届く。勉強が捗る。外に出たくなる日。

3 火 メッセージの日 ▶ 家の日 [ボイド 10:21〜14:05]
生活環境や身内に目が向かう。原点回帰。

4 水 家の日
「普段の生活」が充実。身内との関係強化。環境改善ができる。

5 木 家の日 ▶ 愛の日 [ボイド 15:36〜21:33]
愛の追い風が吹く。好きなことができる。
◆水星が「ギフト」のハウスへ。利害のマネジメント。コンサルテーション。カウンセリング。

6 金 ◐愛の日
愛について嬉しいことがある。子育て、趣味、創作にも追い風が。

7 土 愛の日
愛について嬉しいことがある。子育て、趣味、創作にも追い風が。

8 日 愛の日 ▶ メンテナンスの日 [ボイド 04:13〜08:26]
「やりたいこと」から「やるべきこと」へのシフト。

9 月 メンテナンスの日
生活や心身の故障部分を修理できる。ケアしたり、されたり。
◆金星が「他者」のハウスへ。人間関係から得られる喜び。愛あるパートナーシップ。

10 火 メンテナンスの日 ▶ 人に会う日 [ボイド 18:38〜21:03]
「自分の世界」から「外界」へ出るような節目。

11 水 人に会う日
人に会ったり、会う約束をしたりする日。出会いの気配も。
◆冥王星が「夢と友」のハウスで順行へ。夢や希望のポテンシャルを掘り下げる作業の再開。

12 木 人に会う日
人に会ったり、会う約束をしたりする日。出会いの気配も。
◆火星が「旅」のハウスへ。ここから「遠征」「挑戦の旅」に出発する人も。学びへの情熱。

13 金 人に会う日 ▶ プレゼントの日 [ボイド 05:12〜09:24]
他者との関係に、さらに一歩踏み込めるように。

14 土 プレゼントの日
人から貴重なものを受け取れる。提案を受ける場面も。

15 日 ●プレゼントの日 ▶ 旅の日 [ボイド 16:03〜20:06]
遠い場所との間に、橋が架かり始める。
☽「ギフト」のハウスで日食。誰かとの協力関係が、少々神秘的な形でスタートする。

16 月 旅の日
遠出したり、遠くから人が訪ねてくれたりする日。発信力も増す。

17 火 旅の日
遠出したり、遠くから人が訪ねてくれたりする日。発信力も増す。

18 水 旅の日 ▶ 達成の日 　　　　　　　　　　　　[ボイド 00:45〜04:38]
意欲が湧く。はっきりした成果が出る時間へ。

19 木 達成の日
目標に手が届く。結果が出る日。人から認められる場面も。

20 金 達成の日 ▶ 友だちの日 　　　　　　　　　　　[ボイド 04:04〜10:56]
肩の力が抜け、伸びやかな気持ちになれる。

21 土 友だちの日
未来のプランを立てる。友だちと過ごせる。チームワーク。

22 日 ◐ 友だちの日 ▶ ひみつの日 　　　　　　　　　[ボイド 15:02〜15:08]
ざわめきから少し離れたくなる。自分の時間。
◆水星が「旅」のハウスへ。軽やかな旅立ち。勉強や研究に追い風が。導き手に恵まれる。

23 月 ひみつの日
一人の時間。過去を振り返り、戦略を練る。自分を大事にする。

24 火 ひみつの日 ▶ スタートの日 　　　　　　　　　[ボイド 04:06〜17:35]
新しいことを始めやすい時間に切り替わる。
◆太陽が「旅」のハウスへ。1年のサイクルの中で「精神的成長」を確認するとき。

25 水 スタートの日
主役の意識で動く。新しい選択肢を選べる。気持ちが切り替わる。

26 木 スタートの日 ▶ お金の日 　　　　　　　　　　[ボイド 15:41〜19:03]
物質面・経済活動が活性化する時間に入る。

27 金 お金の日
いわゆる「金運がいい」日。実入りが良く、いい買い物もできそう。

28 土 お金の日 ▶ メッセージの日 　　　　　　　　　[ボイド 17:21〜20:46]
「動き」が出てくる。コミュニケーションの活性。

29 日 ○ メッセージの日
待っていた朗報が届く。勉強が捗る。外に出たくなる日。
◆「コミュニケーション」のハウスで月食。コミュニケーションに不思議な魔法がかかる。意外な朗報。

30 月 メッセージの日 　　　　　　　　　　　　　　　[ボイド 20:37〜]
待っていた朗報が届く。勉強が捗る。外に出たくなる日。

31 火 メッセージの日 ▶ 家の日 　　　　　　　　　　[ボイド 〜00:09]
生活環境や身内に目が向かう。原点回帰。

11 ·NOVEMBER·

1 水　家の日　　　　　　　　　　　　　　　　　　[ボイド 21:38〜]
「普段の生活」が充実。身内との関係強化。環境改善ができる。

2 木　家の日 ▶ 愛の日　　　　　　　　　　　　　　[ボイド 〜06:32]
愛の追い風が吹く。好きなことができる。

3 金　愛の日
愛について嬉しいことがある。子育て、趣味、創作にも追い風が。

4 土　愛の日 ▶ メンテナンスの日　　　　　　　　　[ボイド 12:29〜16:23]
「やりたいこと」から「やるべきこと」へのシフト。
◆土星が「自分」のハウスで順行へ。長期的な目的意識が定まり、
責任に前向きになれる。

5 日　◑メンテナンスの日
生活や心身の故障部分を修理できる。ケアしたり、されたり。

6 月　メンテナンスの日　　　　　　　　　　　　　　[ボイド 16:27〜]
生活や心身の故障部分を修理できる。ケアしたり、されたり。

7 火　メンテナンスの日 ▶ 人に会う日　　　　　　　[ボイド 〜04:41]
「自分の世界」から「外界」へ出るような節目。

8 水　人に会う日
人に会ったり、会う約束をしたりする日。出会いの気配も。
◆金星が「ギフト」のハウスへ。欲望の解放と調整、他者への要求、
他者からの要求。甘え。

9 木　人に会う日 ▶ プレゼントの日　　　　　　　　[ボイド 13:57〜17:10]
他者との関係に、さらに一歩踏み込めるように。

10 金　プレゼントの日
人から貴重なものを受け取れる。提案を受ける場面も。
◆水星が「目標と結果」のハウスへ。ここから忙しくなる。新しい課
題、ミッション、使命。

11 土　プレゼントの日
人から貴重なものを受け取れる。提案を受ける場面も。

12 日　プレゼントの日 ▶ 旅の日　　　　　　　　　　[ボイド 00:07〜03:41]
遠い場所との間に、橋が架かり始める。

13 月　●旅の日
遠出したり、遠くから人が訪ねてくれたりする日。発信力も増す。
☽「旅」のハウスで新月。旅に出発する。専門分野を開拓し始める。
矢文を放つ。

14 火　旅の日 ▶ 達成の日　　　　　　　　　　　　　[ボイド 08:05〜11:25]
意欲が湧く。はっきりした成果が出る時間へ。

15 水　達成の日
目標に手が届く。結果が出る日。人から認められる場面も。

16 木 達成の日 ▶ 友だちの日 [ボイド 07:59〜16:43]
肩の力が抜け、伸びやかな気持ちになれる。

17 金 友だちの日
未来のプランを立てる。友だちと過ごせる。チームワーク。

18 土 友だちの日 ▶ ひみつの日 [ボイド 17:29〜20:29]
ざわめきから少し離れたくなる。自分の時間。

19 日 ひみつの日
一人の時間。過去を振り返り、戦略を練る。自分を大事にする。

20 月 ◗ ひみつの日 ▶ スタートの日 [ボイド 19:52〜23:31]
新しいことを始めやすい時間に切り替わる。

21 火 スタートの日
主役の意識で動く。新しい選択肢を選べる。気持ちが切り替わる。

22 水 スタートの日
主役の意識で動く。新しい選択肢を選べる。気持ちが切り替わる。
◆太陽が「目標と結果」のハウスへ。1年のサイクルの中で「目標と
達成」を確認するとき。

23 木 スタートの日 ▶ お金の日 [ボイド 00:11〜02:21]
物質面・経済活動が活性化する時間に入る。

24 金 お金の日
いわゆる「金運がいい」日。実入りが良く、いい買い物もできそう。
◆火星が「目標と結果」のハウスへ。キャリアや社会的立場における
「勝負」の季節へ。挑戦の時間。

25 土 お金の日 ▶ メッセージの日 [ボイド 02:42〜05:30]
「動き」が出てくる。コミュニケーションの活性。

26 日 メッセージの日
待っていた朗報が届く。勉強が捗る。外に出たくなる日。

27 月 ○ メッセージの日 ▶ 家の日 [ボイド 06:53〜09:42]
生活環境や身内に目が向かう。原点回帰。
◗「家」のハウスで満月。居場所が「定まる」。身近な人との間で「心
満ちる」とき。

28 火 家の日
「普段の生活」が充実。身内との関係強化。環境改善ができる。

29 水 家の日 ▶ 愛の日 [ボイド 10:05〜15:55]
愛の追い風が吹く。好きなことができる。

30 木 愛の日
愛について嬉しいことがある。子育て、趣味、創作にも追い風が。

12 ·DECEMBER·

1 金
愛の日　　　　　　　　　　　　　　　　　　　[ボイド 22:08〜]
愛について嬉しいことがある。子育て、趣味、創作にも追い風が。
◆水星が「夢と友」のハウスへ。仲間に恵まれる爽やかな季節。友と夢を語れる。新しい計画。

2 土
愛の日 ▶ メンテナンスの日　　　　　　　　　　[ボイド 〜01:02]
「やりたいこと」から「やるべきこと」へのシフト。

3 日
メンテナンスの日
生活や心身の故障部分を修理できる。ケアしたり、されたり。

4 月
メンテナンスの日 ▶ 人に会う日　　　　　　　[ボイド 11:13〜12:52]
「自分の世界」から「外界」へ出るような節目。

5 火
◗ 人に会う日
人に会ったり、会う約束をしたりする日。出会いの気配も。
◆金星が「旅」のハウスへ。楽しい旅の始まり、旅の仲間。研究の果実。距離を越える愛。

6 水
人に会う日　　　　　　　　　　　　　　　　[ボイド 22:52〜]
人に会ったり、会う約束をしたりする日。出会いの気配も。
◆海王星が「自分」のハウスで順行へ。心に不思議な光が満ちる。前に進む自信が出てくる。

7 木
人に会う日 ▶ プレゼントの日　　　　　　　　[ボイド 〜01:36]
他者との関係に、さらに一歩踏み込めるように。

8 金
プレゼントの日
人から貴重なものを受け取れる。提案を受ける場面も。

9 土
プレゼントの日 ▶ 旅の日　　　　　　　　　[ボイド 10:07〜12:36]
遠い場所との間に、橋が架かり始める。

10 日
旅の日
遠出したり、遠くから人が訪ねてくれたりする日。発信力も増す。

11 月
旅の日 ▶ 達成の日　　　　　　　　　　　　[ボイド 17:59〜20:13]
意欲が湧く。はっきりした成果が出る時間へ。

12 火
達成の日
目標に手が届く。結果が出る日。人から認められる場面も。

13 水
● 達成の日　　　　　　　　　　　　　　　　[ボイド 15:50〜]
目標に手が届く。結果が出る日。人から認められる場面も。
◗「目標と結果」のハウスで新月。新しいミッションがスタートするとき。目的意識が定まる。◆水星が「夢と友」のハウスで逆行開始。古い交友関係の復活、過去からもたらされる恵み。

14 木
達成の日 ▶ 友だちの日　　　　　　　　　　　[ボイド 〜00:33]
肩の力が抜け、伸びやかな気持ちになれる。

15 金
友だちの日
未来のプランを立てる。友だちと過ごせる。チームワーク。

16 土	友だちの日 ▶ ひみつの日	[ボイド 01:05〜02:58]

16 土　友だちの日 ▶ ひみつの日　　　　　　　　　　[ボイド 01:05〜02:58]
ざわめきから少し離れたくなる。自分の時間。

17 日　ひみつの日　　　　　　　　　　　　　　　　　[ボイド 21:05〜]
一人の時間。過去を振り返り、戦略を練る。自分を大事にする。

18 月　ひみつの日 ▶ スタートの日　　　　　　　　　[ボイド 〜05:00]
新しいことを始めやすい時間に切り替わる。

19 火　スタートの日
主役の意識で動く。新しい選択肢を選べる。気持ちが切り替わる。

20 水　● スタートの日 ▶ お金の日　　　　　　　　　[ボイド 06:05〜07:48]
物質面・経済活動が活性化する時間に入る。

21 木　お金の日
いわゆる「金運がいい」日。実入りが良く、いい買い物もできそう。

22 金　お金の日 ▶ メッセージの日　　　　　　　　　[ボイド 11:49〜11:52]
「動き」が出てくる。コミュニケーションの活性。
◆太陽が「夢と友」のハウスへ。1年のサイクルの中で「友」「未来」
に目を向ける季節へ。

23 土　メッセージの日
待っていた朗報が届く。勉強が捗る。外に出たくなる日。
◆逆行中の水星が「目標と結果」のハウスへ。一度達成した目標を
さらに超えてゆく準備。

24 日　メッセージの日 ▶ 家の日　　　　　　　　　　[ボイド 15:41〜17:16]
生活環境や身内に目が向かう。原点回帰。

25 月　家の日
「普段の生活」が充実。身内との関係強化。環境改善ができる。

26 火　家の日　　　　　　　　　　　　　　　　　　　[ボイド 16:57〜]
「普段の生活」が充実。身内との関係強化。環境改善ができる。

27 水　○ 家の日 ▶ 愛の日　　　　　　　　　　　　　[ボイド 〜00:17]
愛の追い風が吹く。好きなことができる。
☽「愛」のハウスで満月。愛が「満ちる」「実る」とき。クリエイティブ
な作品の完成。

28 木　愛の日
愛について嬉しいことがある。子育て、趣味、創作にも追い風が。

29 金　愛の日 ▶ メンテナンスの日　　　　　　　　　[ボイド 07:59〜09:25]
「やりたいこと」から「やるべきこと」へのシフト。

30 土　メンテナンスの日
生活や心身の故障部分を修理できる。ケアしたり、されたり。
◆金星が「目標と結果」のハウスへ。目標達成と勲章。気軽に掴め
るチャンス。嬉しい配役。

31 日　メンテナンスの日 ▶ 人に会う日　　　　　　　[ボイド 14:20〜20:55]
「自分の世界」から「外界」へ出るような節目。
◆木星が「コミュニケーション」のハウスで順行へ。コミュニケーショ
ンの拡大プロセスを再開できる。

参考　カレンダー解説の文字・線の色

あなたの星座にとって星の動きがどんな意味を
持つか、わかりやすくカレンダーに書き込んで
みたのが、P.89からの「カレンダー解説」です。
色分けは厳密なものではありませんが、だいた
い以下のようなイメージで分けられています。

—— 赤色
インパクトの強い出来事、意欲や情熱、
パワーが必要な場面。

—— 水色
ビジネスや勉強、コミュニケーションなど、
知的な活動に関すること。

—— 紺色
重要なこと、長期的に大きな意味のある変化。
精神的な変化、健康や心のケアに関すること。

—— 緑色
居場所、家族に関すること。

—— ピンク色
愛や人間関係に関すること。嬉しいこと。

—— オレンジ色
経済活動、お金に関すること。

魚座 2023年の
カレンダー解説

● 解説の文字・線の色のイメージは P.88 をご参照下さい ●

1 ·JANUARY·

mon	tue	wed	thu	fri	sat	sun
						1
2	3	4	5	6	(7)	8
9	10	11	12	(13)	14	15
16	17	18	19	20	21	22
23	24	25	26	27	28	29
30	31					

1/7 「愛が満ちる」タイミング。とても嬉しいことが起こりそう。

1/13 去年の10月末頃から、家族のことや居場所のことで混乱が多かったなら、このあたりから問題解決に向かう。ここから3月にかけて、居場所を一気に完成させていける。

1/27-2/20 キラキラの愛の季節。持ち味を活かしやすい、活躍の時でもある。魅力が輝いて、周囲が賑やかになる。ファッションやヘアスタイルを刷新したくなるかも。

2 ·FEBRUARY·

mon	tue	wed	thu	fri	sat	sun
		1	2	3	4	5
6	7	8	9	10	11	12
13	14	15	16	17	18	19
(20)	21	22	23	24	25	26
27	28					

2/20 新しいことが始まる、スタートのタイミング。いろいろなことが切り替わる節目。

2/20-3/17 経済活動が一気に加速する。去年の半ばくらいからの一連の「お金」に関する前向きな展開が、ここで形になるかも。

3 ・MARCH・

mon	tue	wed	thu	fri	sat	sun
			1	2	3	4	5
6	⑦	8	9	10	11	12
13	14	15	16	17	18	19
20	21	22	㉓	24	25	26
27	28	29	30	31		

4 ・APRIL・

mon	tue	wed	thu	fri	sat	sun
					1	2
3	4	5	6	7	8	9
10	11	12	13	14	15	16
17	18	19	⑳	21	22	23
24	25	26	27	28	29	30

3/7 ここから2年半ほどをかけた自己変革の時間に入る。それを象徴するような、特別な出来事が起こるかも。サポートしてくれる人と、大切な約束を交わす人も。

3/23 不意に過去の重要な出来事を思い出す、といった場面があれば、それが心の変容のプロセスがスタートする合図。ここから2043年頃にかけて、非常に深い精神的変化が起こっていく。

3/25-6/5 素晴らしい情熱の季節。ストレートに自己表現、自己主張ができる。クリエイティブな活動には大きなチャンスが巡ってきそう。

4/20 経済活動にミラクルな展開が起こるかも。「稼ぐ」ために思い切ったアクションを起こす人も。ここで蒔いた種は、想像以上に大きく育つ。

5 · MAY ·

mon	tue	wed	thu	fri	sat	sun
1	2	3	4	5	⑥	7
8	9	10	11	12	13	14
15	16	⑰	18	19	20	21
22	23	24	25	26	27	28
29	30	31				

※7月参照

5/6 遠くから意外な朗報が届くかも。行きたかった場所に行くためのチケットを手に入れる人も。

5/7-6/5 キラキラの愛の季節。楽しいことがたくさん起こりそう。クリエイティブな活動に取り組んでいる人には、大チャンスが巡ってくる気配が。

5/17 ここから2024年5月にかけて、素晴らしい学びとコミュニケーションの時間に入る。移動を開始する人も。急成長できる時。

6 · JUNE ·

mon	tue	wed	thu	fri	sat	sun
			1	2	3	④
⑤	6	7	8	9	10	11
12	13	14	15	16	17	⑱
19	20	21	22	23	24	25
26	27	28	29	30		

6/4 目標達成の時。努力が認められ、さらなるステップアップを果たせる。周囲に大感謝される。

6/5-10/9 生活がとても楽しくなる。心身のコンディションが改善していく。自他の「ケア」が愛に満ちる。

6/18 居場所や家族に関して、新しい展開が起こりそう。生活の風景がパッと変わる。

7 • JULY •

mon	tue	wed	thu	fri	sat	sun
					1	2
3	4	5	6	7	8	9
10	11	12	13	14	15	16
17	(18)	19	20	21	22	23
24	25	26	27	28	29	30
31						

※5/21–7/10 多忙期。働き方や生活の仕方をドラスティックに変える人も。生き方についての美意識や理想を、現実に落とし込める。

7/18 「愛が生まれる」ようなタイミング。好きなもの、夢中になれることに出会えるかも。

7/29–8/27 人間関係が熱く盛り上がる。刺激的な出会いもあれば、熱い交渉事が起こる気配も。

8 • AUGUST •

mon	tue	wed	thu	fri	sat	sun
	1	2	3	4	5	6
7	8	9	10	11	12	13
14	15	16	17	18	19	20
21	22	23	24	25	26	27
28	29	30	(31)			

8/31 頑張ってきたことが認められるような、結実の時。一皮むける。大切な転機を迎える人も。

9 • SEPTEMBER •

mon	tue	wed	thu	fri	sat	sun
				1	2	3
4	5	6	7	8	9	10
11	12	13	14	(15)	16	17
18	19	20	21	22	23	24
25	26	27	28	29	30	

9/15　素敵な出会いの気配。公私ともに、人間関係において進展が起こりそう。

10/12–11/24　冒険と学びの季節。遠出・遠征する機会が増えそう。コミュニケーションも熱く盛り上がる。未知の世界へと行動範囲を広げられる時。

10/15　経済活動にまつわる人間関係の中で、驚きの進展が起こるかも。突然、素晴らしいリソースを提供されたり、経済的なサポートを受けられることになったりする人も。パートナーの経済的な問題はここで解決する可能性が。

10 • OCTOBER •

mon	tue	wed	thu	fri	sat	sun
						1
2	3	4	5	6	7	8
9	10	11	(12)	13	14	(15)
16	17	18	19	20	21	22
23	24	25	26	27	28	(29)
30	31					

※11月参照

10/29　5月頃から取り組んでいる大きなテーマに、突然のチャンスが訪れる気配が。コミュニケーションや勉強、移動に関することで、素敵な結果が出る。朗報が舞い込むかも。

11 · NOVEMBER ·

mon	tue	wed	thu	fri	sat	sun
		1	2	3	4	5
6	7	8	9	10	11	12
13	14	15	16	17	18	19
20	21	22	23	24	25	26
(27)	28	29	30			

※10/9–11/8　優しい人間関係に包まれる。パートナーシップにはあたたかい思いやりが溢れる。人の弱さを受け入れることで、自分の弱さも受け入れられる、といったことも起こるかも。

11/24–2024/1/4　熱いチャレンジの季節。大活躍できる。大勝負に出る人も。多少の混乱がありつつも、素晴らしい成果を挙げられる。

11/27　家族や身近な人との関係があたたかくなる。去年から今年3月くらいまでの頑張りが、とても幸せな形で報われそう。

12 · DECEMBER ·

mon	tue	wed	thu	fri	sat	sun
				1	2	3
4	5	6	7	8	9	10
11	12	(13)	14	15	16	17
18	19	20	21	22	23	24
25	26	27	28	29	30	31

12/13　新しいミッションが始まる時。素晴らしい案件が飛び込んでくるかも。

2023年のプチ占い（天秤座〜魚座）

天秤座（9/24-10/23生まれ）

「出会いの時間」が5月まで続く。公私ともに素敵な出会い・関わりに恵まれる。パートナーを得る人も。6月から10月上旬は交友関係に愛が満ちる。視野が広がり、より大きな場に立つことになる年。

蠍座（10/24-11/22生まれ）

特別な「縁」が結ばれる年。不思議な経緯、意外な展開で、公私ともに新しい関わりが増えていく。6月から10月上旬、キラキラのチャンスが巡ってきそう。嬉しい役割を得て、楽しく活躍できる年。

射手座（11/23-12/21生まれ）

年の前半は「愛と創造の時間」の中にある。誰かとの真剣勝負に挑んでいる人も。年の半ばを境に、「役割を作る」時間に入る。新たな任務を得ることになりそう。心身の調子が上向く。楽しい冒険旅行も。

山羊座（12/22-1/20生まれ）

「居場所を作る」時間が5月まで続く。新たな住処を得る人、家族を得る人も。5月以降は「愛と創造の時間」へ。自分自身を解放するような、大きな喜びを味わえそう。経済的にも上昇気流が生じる。

水瓶座（1/21-2/19生まれ）

2020年頃からのプレッシャーから解放される。孤独感が和らぎ、日々を楽しむ余裕を持つ。5月以降は素晴らしい愛と創造の時間へ。人を愛することの喜び、何かを生み出すことの喜びに満ちる。

魚座（2/20-3/20生まれ）

強い意志をもって行動できる年。時間をかけてやり遂げたいこと、大きなテーマに出会う。経済的に強い追い風が吹く。年の半ば以降、素晴らしいコミュニケーションが生まれる。自由な学びの年。

（※牡羊座〜乙女座はP.30）

HOSHIORI

星のサイクル
冥王星

✺ 冥王星のサイクル

　2023年3月、冥王星が山羊座から水瓶座へと移動を開始します。この後も逆行・順行を繰り返しながら進むため、完全に移動が完了するのは2024年ですが、この3月から既に「水瓶座冥王星時代」に第一歩を踏み出すことになります。冥王星が山羊座入りしたのは2008年、それ以来の時間が、新しい時間へと移り変わってゆくのです。冥王星は根源的な変容、破壊と再生、隠された富、深い欲望などを象徴する星です。2008年はリーマン・ショックで世界が震撼した年でしたが、2023年から2024年もまた、時代の節目となるような象徴的な出来事が起こるのかもしれません。この星が星座から星座へと移動する時、私たちの人生にはどんな変化が感じられるでしょうか。次のページでは冥王星のサイクルを年表で表現し、続くページで各時代があなたの星座にとってどんな意味を持つか、少し詳しく説明しました。そしてさらに肝心の、2023年からの「水瓶座冥王星時代」があなたにとってどんな時間になるか、考えてみたいと思います。

冥王星のサイクル年表（詳しくは次のページへ）

時　期	魚座のあなたにとってのテーマ
1912年 - 1939年	愛や創造的活動を通して、「もう一人の自分」に出会う
1937年 - 1958年	「生活」の根源的ニーズを発見する
1956年 - 1972年	他者との出会いにより、人生が変わる
1971年 - 1984年	他者の人生と自分の人生の結節点・融合点
1983年 - 1995年	「外部」への出口を探し当てる
1995年 - 2008年	人生全体を賭けられる目標を探す
2008年 - 2024年	友情、社会的生活の再発見
2023年 - 2044年	内面化された規範意識との対決
2043年 - 2068年	キャラクターの再構築
2066年 - 2097年	経済力、価値観、欲望の根本的再生
2095年 - 2129年	コミュニケーションの「迷路」を抜けてゆく
2127年 - 2159年	精神の最深部への下降、子供だった自分との再会

※時期について／冥王星は順行・逆行を繰り返すため、星座の境界線を何度か往復してから移動を完了する。上記の表で、開始時は最初の移動のタイミング、終了時は移動完了のタイミング。

◆◇◇◆◇◇◆◇◆◇◇◆◇◇◆◇◆◇◇◆◇◆◇◇◆◇◇◆◇◆◇◇◆◇◇◆◇◆◇◇◆◇◆◇◇◆◇◇◆

◆ **1912-1939年 愛や創造的活動を通して、「もう一人の自分」に出会う**
圧倒的な愛情が生活全体を飲み込む時です。恋愛、子供への愛、そのほかの存在への愛が、一時的に人生の「すべて」となることもあります。この没入、陶酔、のめり込みの体験を通して、人生が大きく変化します。個人としての感情を狂おしいほど生きられる時間です。創造的な活動を通して財を築く人も。

◆ **1937-1958年 「生活」の根源的ニーズを発見する**
物理的な「身体」、身体の一部としての精神状態、現実的な「暮らし」が、根源的な変容のプロセスに入る時です。常識や社会のルール、責任や義務などへの眼差しが変化します。たとえば過酷な勤務とそこからの離脱を通して、「人生で最も大事にすべきもの」がわかる、といった経験をする人も。

◆ **1956-1972年 他者との出会いにより、人生が変わる**
一対一の人間関係において、火山の噴火のような出来事が起こる時です。人間の内側に秘められたエネルギーが他者との関わりをきっかけとして噴出し、お互いにそれをぶつけ合うような状況が生じることも。その結果、人間として見違えるような変容を遂げることになります。人生を変える出会いの時間です。

◆ **1971-1984年 他者の人生と自分の人生の結節点・融合点**
誰の人生も、自分だけの中に閉じた形で完結していません。他者の人生となんらかの形で融け合い、混じり合い、深く影響を与え合っています。時には境目が曖昧になり、ほとんど一体化することもあります。この時期はそうした「他者の人生との連結・融合」という、特別なプロセスが展開します。

◈ 1983-1995年 「外部」への出口を探し当てる

「人間はどこから来て、どこに行くのだろう」「宇宙の果てには、何があるのだろう」「死んだ後は、どうなるのだろう」。たとえばそんな問いを、誰もが一度くらいは考えたことがあるはずです。この時期はそうした問いに、深く突っ込んでいくことになります。宗教や哲学などを通して、人生が変わる時です。

◈ 1995-2008年 人生全体を賭けられる目標を探す

人生において最も大きな山を登る時間です。この社会において自分が持てる最大の力とはどんなものかを、徹底的に追求することになります。社会的成功への野心に、強烈に突き動かされます。「これこそが人生の成功だ」と信じられるイメージが、この時期の体験を通して根本的に変わります。

◈ 2008-2024年 友情、社会的生活の再発見

友達や仲間との関わり、「他者」の集団に身を置くことで自分を変えたい、という強い欲求が生まれます。自分を変えてくれるものこそはこれから出会う新たな友人である、というイメージが心を支配します。この広い世界と自分とをどのように結びつけ、居場所を得るかという大問題に立ち向かえる時です。

◈ 2023-2044年 内面化された規範意識との対決

自分の中で否定してきたこと、隠蔽してきたこと、背を向けてきたことの全てが、生活の水面上に浮かび上がる時です。たとえば何かが非常に気になったり、あるものを毛嫌いしたりする時、そこには自分の「内なるもの」がありありと映し出されています。精神の解放への扉を、そこに見いだせます。

◆ **2043-2068年 キャラクターの再構築**

「自分はこういう人間だ」「自分のキャラクターはこれだ」というイメージが根源的に変容する時期です。まず、自分でもコントロールできないような大きな衝動に突き動かされ、「自分らしくないこと」の方向に向かい、その結果、過去の自分のイメージが消え去って、新たなセルフイメージが芽生えます。

◆ **2066-2097年 経済力、価値観、欲望の根本的再生**

乗り物もない遠方で、突然自分の手では運べないほどの宝物を贈られたら、どうすればいいでしょうか。たとえばそんな課題から変容のプロセスがスタートします。強烈な欲望の体験、膨大な富との接触、その他様々な「所有・獲得」の激しい体験を通して、欲望や価値観自体が根源的に変化する時です。

◆ **2095-2129年 コミュニケーションの「迷路」を抜けてゆく**

これまで疑問を感じなかったことに、いちいち「?」が浮かぶようになります。「そういうものなのだ」と思い込んでいたことへの疑念が生活の随所に浮上します。そこから思考が深まり、言葉が深みを増し、コミュニケーションが迷路に入り込みます。この迷路を抜けたところに、知的変容が完成します。

◆ **2127-2159年 精神の最深部への下降、子供だった自分との再会**

不意に子供の頃の思い出と感情がよみがえり、その思いに飲み込まれるような状態になりやすい時です。心の階段を一段一段降りてゆき、より深い精神的世界へと触れることになります。この体験を通して、現代の家庭生活や人間関係、日常の風景が大きく変化します。「心」が根源的変容を遂げる時です。

〜2023年からのあなたの「冥王星時代」〜
内面化された規範意識との対決

　2008年頃から今に至るまで、「広くたくさんの人と関わること」に注力してきたかもしれません。より多くの人と知り合い、力のある人から影響を受けることで「成長できる」という信念を持って生きてきた人もいるでしょう。時期によっては、誰と関わっているか、誰と親しいかということに執着しすぎたこともあったかもしれません。2023年に入る頃にはそうしたこだわりのトンネルを抜け出し、より自由でフラットな人間関係の中に身を置いているあなたがいるだろうと思います。数年前と今を比べると、関わる人の数は減ったかもしれませんが、深く関われる仲間が「少数精鋭」で身近にいてくれるはずです。

　2023年から、これまで「外の人間関係」に向いていた眼差しが「内なる関わり」へと方向転換します。自分の内側に何人もいる自分と、壮大な会議が始まるのです。中でも、自分自身を否定してくる「もう一人の自分」との対話が深まります。罪悪感や劣等感、コンプレックスなど、自分を否定し傷つけるような考え方

◆◇◇◇◆◇◇◇◆◇◇◇◆◇◇◇◆◇◇◇◆◇◇◇◆◇◇◇◆◇◇◇◆◇◇◇◆◇◇◇◆◇◇

に対し、圧倒的な疑念が湧き上がるのです。誰にも理解されないような複雑な記憶、深い情念、アイデンティティの一部と化したような傷を、この時期じっくり癒すことができます。蛹（さなぎ）や繭（まゆ）のような環境に自分を入れて、内なる可能性を探り出すような作業もできます。また、深い自己犠牲を払い、誰かを救うために心血を注ぐ人もいます。いずれも心から「正しい」と思える生き方を、万難を排して選ぼうとする試みです。

　一時的に、「世の中」「世間」から遠ざかる人も少なくありません。ひきこもりというほどでなくとも、人と関わることが妙に煩（わずら）わしくなったり、自分の世界に閉じこもったりして、外界からの情報を遮断したくなるかもしれません。記憶やイマジネーションの世界に閉じこもり、「孤独」を愛する人もいます。こうした体験は言わば、新しい自分に生まれ変わるために、一種の「胎内」に入るような体験と言えます。この期間は、自分にどんな変化が起こりつつあるのか、リアルタイムではよくわからないかもしれません。卵の孵化（ふか）のように、春の花が開く瞬間のように、外に出る「その瞬間」は、来るべくして来ます。心の時間を大切に。

◆◇◇◇◆◇◇◇◆◇◇◇◆◇◇◇◆◇◇◇◆◇◇◇◆◇◇◇◆◇◇◇◆◇◇◇◆◇◇◇◆◇◇

12星座プロフィール

魚座のプロフィール
透明な心の星座

キャラクター

◆ 変幻自在の星座

　「魚座の人は、こんな人です」と言うのは、非常に難しいことです。なぜなら、魚座の人々はいかなる型にもはまることがないからです。ストイックな人もいれば、怠惰な人もいます。神経質な人もいれば、おおざっぱな人もいます。手厳しく辛辣な人もいれば、甘く優しい人もいます。厄介なのは、さらにそうした性質が、場によって変化したり、突然変身したように人が変わったりと、「固定的でない」ことなのです。

　とはいえ、これは魚座の人が「頼りにならない人々である」という意味ではありません。魚座の人が変幻自在なのは、どんな型にもこだわることなく、常にそのとき最も良いと思えることに、ごく純粋に向かっていくからです。他の人なら「変わるのが怖い」「過去の自分を否定するのはプライドに関わる」と思うような場面でも、魚座の人はそんなことは気にせず、すらりと新しい自分に生まれ変わっていけます。

◈ 境界線が「無効」になる世界

　世の中には様々な「境界線」が引かれています。たとえ
ば、学校ではクラスや学年、専攻などが分かれます。地面
も国境や県境など幾多の線で細かく切り分けられています。
文化や人種、言葉、経済格差など、数え上げればキリがな
いほど、私たちは目に見えない境界線で分断された世界で
暮らしています。魚座の人々にはしかし、そうした境界線
が、生まれつき「見えていない」ようなところがあります。
あるいは、魚座の人々の心は一次元多い世界に棲んでいて、
二次元世界の人から見ると、三次元世界の人々が「ワープ」
するように感じられるだろう、ということと同じように、こ
の世の境界線をひょいひょいと飛び越えてしまうことがで
きるのです。権威あるものとそうでないもの、聖なるもの
と俗なるもの、清らかなものと汚れたもの、社会の「上」
と「下」。価値やパワーのシステムを、魚座の人々は敏感に
感じ取りながらも、決してそれに縛られません。上にも下
にも、右にも左にも、過去にも未来にも、敵にも味方にも、
縦横無尽に動きながら決してどこかに「染まって」しまう
ことがないのが魚座の世界なのです。

◈ 海のように深い心

　魚座は感情の星座です。でも、魚座の「感情」は、波打

ち際でチャプチャプと忙しく音を立てるような、浅い感情ではありません。魚座の「感情」は、いわば海洋深層水のように深いのです。海の底では、波も非常に穏やかで、潮の流れもゆったりとしています。実際、「感情の星座」でありながら、魚座の人の感情は、あまり表情に表れないことも多いようです。今どう思っているのか、何を感じているのか、魚座の人は穏やかな微笑で隠しています。ですが時々、その深い海のような感情の偉大な威力が、周囲をほとんど「押し流して」しまうことも珍しくないのです。

◆「心」の可能性

　「悟り」や「救済」といったイメージのように、多くの宗教では、人間精神がある高みに達した状態が描写されることがあります。宗教の世界にとどまらず、私たちの「心」や「魂」は、ある種の訓練や試練、経験を経た上で、幼い状態から非常に高度な状態へと成長していける、というイメージを、多くの人が信じています。では、精神が未来に大きく成長を遂げたら、どうなり得るのか。それを担当しているのが、実は、魚座の世界と言えます。ゆえに、魚座の世界について言語化することは非常に難しく思われます。私たちの「心」の可能性がどのようなものなのか、最も低く同時に最も高い場所から、私たちを静かに誘っているの

が、魚座の内包している、ひとつの「秘密」なのかもしれ
ません。

(支配星・神話)

◆ 海王星

　魚座を支配する星は、海王星・ネプチューンで、ギリシ
ャ神話ではポセイドンです。「海の王」に守られた魚座は、
まさに海のように広い心と、「謎」を秘めた星座です。ちな
みに、愛と美の女神アプロディテは海の泡から生まれた、と
いう伝説があり、これも魚座と関係の深い神様です。

◆ 魚座の神話

　天界での神々の酒席に、突然、怪物テュポーンが飛び込
んできました。神々はこれに驚いて、ちりぢりに逃げ出し
ました。愛と美の女神・アプロディテとその子供のエロー
スは、魚に変身し、河に飛び込みました。このとき、二人
ははぐれてしまわないように、銀のひもでお互いのしっぽ
を結びつけておいたのでした。この姿が天に上げられ、魚
座になったのです。

　決してはぐれてしまわないように、お互いを結びつけて
おいて、水の中に飛び込んでいく。このことは、魚座の人
の心のありようを、よく表している気がします。魚座の愛

は大切な人を守ります。でもその「守り方」は、たとえば蟹座のようにかたい甲羅の中に保護するのではなく、「自由に動けるけれども、決して離ればなれにならない」という守り方なのです。どちらも自分が望むほうに行けますが、お互いの向かう方向が完全に違ってしまったなら、すぐにそれとわかります。魚座の愛は、決して相手を「縛る」ものではありません。一方で、魚座は「犠牲と救済」の星座です。愛の世界における、真の「自由」とは何なのかを、この神話は深く考えさせてくれます。

魚座の才能

　どんなことでも独自のやり方で習熟する傾向があります。特に、言葉で説明しにくい分野、高度に抽象的なことを扱う分野などでも、難なく理解を進め、身につけていける人が多いようです。人の心を捉える特別な力を備えているので、自力で非常にディープで広い人脈を創り上げることができます。型にはまった考え方をせず、世の中の「枠」に囚われないので、キャリアも独自のものになりやすい傾向があります。他の人とは違ったルートで成功を収められます。人との距離を縮めるのがとても上手です。

牡羊座　はじまりの星座　　　　　　　　　　I am.

素敵なところ

裏表がなく純粋で、自他を比較しません。明るく前向きで、正義感が強く、諍いのあともさっぱりしています。欲しいものを欲しいと言える勇気、自己主張する勇気、誤りを認める勇気の持ち主です。

キーワード

勢い／勝負／果断／負けず嫌い／せっかち／能動的／スポーツ／ヒーロー・ヒロイン／華やかさ／アウトドア／草原／野生／丘陵／動物愛／議論好き／肯定的／帽子・頭部を飾るもの／スピード／赤

 牡牛座　五感の星座　　　　　　　　　　　I have.

素敵なところ

感情が安定していて、態度に一貫性があります。知識や経験をたゆまずゆっくり、たくさん身につけます。穏やかでも不思議な存在感があり、周囲の人を安心させます。美意識が際立っています。

キーワード

感覚／色彩／快さ／リズム／マイペース／芸術／暢気（のんき）／贅沢／コレクション／一貫性／素直さと頑固さ／価値あるもの／美声・歌／料理／庭造り／変化を嫌う／積み重ね／エレガント／レモン色／白

 双子座　知と言葉の星座　　　　　　　　　I think.

素敵なところ

イマジネーション能力が高く、言葉と物語を愛するユニークな人々です。フットワークが良く、センサーが敏感で、いくつになっても若々しく見えます。場の空気・状況を変える力を持っています。

キーワード

言葉／コミュニケーション／取引・ビジネス／相対性／比較／関連づけ／物語／比喩／移動／旅／ジャーナリズム／靴／天使・翼／小鳥／桜色／桃色／空色／文庫本／文房具／手紙

蟹座　感情の星座

I feel.

素敵なところ

心優しく、共感力が強く、人の世話をするときに手間を惜しみません。行動力に富み、人にあまり相談せずに大胆なアクションを起こすことがありますが、「聞けばちゃんと応えてくれる」人々です。

キーワード

感情／変化／月／守護・保護／日常生活／行動力／共感／安心／繰り返すこと／拒否／生活力／フルーツ／アーモンド／巣穴／胸部、乳房／乳白色／銀色／真珠

獅子座　意思の星座

I will.

素敵なところ

太陽のように肯定的で、安定感があります。深い自信を持っており、側にいる人を安心させることができます。人を頷かせる力、一目置かせる力、パワー感を持っています。内面には非常に繊細な部分も。

キーワード

強さ／クールさ／肯定的／安定感／ゴールド／背中／自己表現／演技／芸術／暖炉／広場／人の集まる賑やかな場所／劇場・舞台／お城／愛／子供／緋色／パープル／緑

乙女座　分析の星座

I analyze.

素敵なところ

一見クールに見えるのですが、とても優しく世話好きな人々です。他者に対する観察眼が鋭く、シャープな批評を口にしますが、その相手の変化や成長を心から喜べる、「教育者」の顔を持っています。

キーワード

感受性の鋭さ／「気が利く」人／世話好き／働き者／デザイン／コンサバティブ／胃腸／神経質／分析／調合／変化／回復の早さ／迷いやすさ／研究家／清潔／ブルーブラック／空色／桃色

天秤座　関わりの星座

I balance.

素敵なところ

高い知性に恵まれると同時に、人に対する深い愛を抱いています。視野が広く、客観性を重視し、細やかな気遣いができます。内側には熱い情熱を秘めていて、個性的なこだわりや競争心が強い面も。

キーワード

人間関係／客観視／合理性／比較対象／美／吟味／審美眼／評価／選択／平和／交渉／結婚／諍い(いさか)／調停／パートナーシップ／契約／洗練／豪奢／黒／芥子色(からし)／深紅色／水色／薄い緑色／ベージュ

蠍座　情熱の星座

I desire.

素敵なところ

意志が強く、感情に一貫性があり、愛情深い人々です。一度愛したものはずっと長く愛し続けることができます。信頼に足る、芯の強さを持つ人です。粘り強く努力し、不可能を可能に変えます。

キーワード

融け合う心／継承／遺伝／魅力／支配／提供／共有／非常に古い記憶／放出／流動／隠されたもの／湖沼／果樹園／庭／葡萄酒／琥珀／茶色／濃い赤／カギつきの箱／ギフト

射手座　冒険の星座

I understand.

素敵なところ

冒険心に富む、オープンマインドの人々です。自他に対してごく肯定的で、恐れを知らぬ勇気と明るさで周囲を照らし出します。自分の信じるものに向かってまっすぐに生きる強さを持っています。

キーワード

冒険／挑戦／賭け／負けず嫌い／馬や牛など大きな動物／遠い外国／語学／宗教／理想／哲学／おおらかさ／自由／普遍性／スピードの出る乗り物／船／黄色／緑色／ターコイズブルー／グレー

山羊座　実現の星座

I use.

素敵なところ

夢を現実に変えることのできる人々です。自分個人の世界だけに収まる小さな夢ではなく、世の中を変えるような、大きな夢を叶えることができる力を持っています。優しく力強く、芸術的な人です。

キーワード

城を築く／行動力／実現／責任感／守備／権力／支配者／組織／芸術／伝統／骨董品／彫刻／寺院／華やかな色彩／ゴージャス／大きな楽器／黒／焦げ茶色／薄い茜色／深緑

水瓶座　思考と自由の星座

I know.

素敵なところ

自分の頭でゼロから考えようとする、澄んだ思考の持ち主です。友情に篤く、損得抜きで人と関わろうとする、静かな情熱を秘めています。ユニークなアイデアを実行に移すときは無二の輝きを放ちます。

キーワード

自由／友情／公平・平等／時代の流れ／流行／メカニズム／合理性／ユニセックス／神秘的／宇宙／飛行機／通信技術／電気／メタリック／スカイブルー／チェック、ストライプ

魚座　透明な心の星座

I believe.

素敵なところ

人と人とを分ける境界線を、自由自在に越えていく不思議な力の持ち主です。人の心にするりと入り込み、相手を支え慰めることができます。場や世界を包み込むような大きな心を持っています。

キーワード

変容／変身／愛／海／救済／犠牲／崇高／聖なるもの／無制限／変幻自在／天衣無縫／幻想／瞑想／蠱惑（こわく）／エキゾチック／ミステリアス／シースルー／黎明／白／ターコイズブルー／マリンブルー

用語解説

星の逆行

　星占いで用いる星々のうち、太陽と月以外の惑星と冥王星は、しばしば「逆行」します。これは、星が実際に軌道を逆走するのではなく、あくまで「地球からそう見える」ということです。

　たとえば同じ方向に向かう特急電車が普通電車を追い抜くとき、相手が後退しているように見えます。「星の逆行」は、この現象に似ています。地球も他の惑星と同様、太陽のまわりをぐるぐる回っています。ゆえに一方がもう一方を追い抜くとき、あるいは太陽の向こう側に回ったときに、相手が「逆走している」ように見えるのです。

　星占いの世界では、星が逆行するとき、その星の担うテーマにおいて停滞や混乱、イレギュラーなことが起こる、と解釈されることが一般的です。ただし、この「イレギュラー」は「不運・望ましくない展開」なのかというと、そうではありません。

　私たちは自分なりの推測や想像に基づいて未来の計画を立て、無意識に期待し、「次に起こること」を待ち受けます。その「待ち受けている」場所に思い通りのボールが飛んでこなかったとき、苛立ちや焦り、不安などを感じます。でも、そのこと自体が「悪いこと」かというと、決してそうではないはずです。なぜなら、人間の推測や想像には、限界があるか

らです。推測通りにならないことと、「不運」はまったく別の
ことです。

　星の逆行時は、私たちの推測や計画と、実際に巡ってくる
未来とが「噛み合いにくい」ときと言えます。ゆえに、現実
に起こる出来事全体が、言わば「ガイド役・導き手」となり
ます。目の前に起こる出来事に導いてもらうような形で先に
進み、いつしか、自分の想像力では辿り着けなかった場所に
「つれていってもらえる」わけです。

　水星の逆行は年に三度ほど、一回につき3週間程度で起こ
ります。金星は約1年半ごと、火星は2年に一度ほど、他の
星は毎年太陽の反対側に回る数ヵ月、それぞれ逆行します。

　たとえば水星逆行時は、以下のようなことが言われます。

◆ 失せ物が出てくる／この時期なくしたものはあとで出てくる

◆ 旧友と再会できる

◆ 交通、コミュニケーションが混乱する

◆ 予定の変更、物事の停滞、遅延、やり直しが発生する

　これらは「悪いこと」ではなく、無意識に通り過ぎてしま
った場所に忘れ物を取りに行くような、あるいは、トンネル
を通って山の向こうへ出るような動きです。掛け違えたボタ
ンを外してはめ直すようなことができる時間なのです。

ボイドタイム──月のボイド・オブ・コース

　ボイドタイムとは、正式には「月のボイド・オブ・コース」
となります。実は、月以外の星にもボイドはあるのですが、月
のボイドタイムは3日に一度という頻度で巡ってくるので、
最も親しみやすい（？）時間と言えます。ボイドタイムの定
義は「その星が今いる星座を出るまで、他の星とアスペクト
（特別な角度）を結ばない時間帯」です。詳しくは占星術の教
科書などをあたってみて下さい。
　月のボイドタイムには、一般に、以下のようなことが言わ
れています。

　◆ 予定していたことが起こらない／想定外のことが起こる
　◆ ボイドタイムに着手したことは無効になる
　◆ 期待通りの結果にならない
　◆ ここでの心配事はあまり意味がない
　◆ 取り越し苦労をしやすい
　◆ 衝動買いをしやすい
　◆ この時間に占いをしても、無効になる。意味がない

　ボイドをとても嫌う人も少なくないのですが、これらをよ
く見ると、「悪いことが起こる」時間ではなく、「あまりいろ
いろ気にしなくてもいい時間」と思えないでしょうか。

とはいえ、たとえば大事な手術や面接、会議などがこの時間帯に重なっていると「予定を変更したほうがいいかな？」という気持ちになる人もいると思います。

　この件では、占い手によっても様々に意見が分かれます。その人の人生観や世界観によって、解釈が変わり得る要素だと思います。

　以下は私の意見なのですが、大事な予定があって、そこにボイドや逆行が重なっていても、私自身はまったく気にしません。

　では、ボイドタイムは何の役に立つのでしょうか。一番役に立つのは「ボイドの終わる時間」です。ボイド終了時間は、星が星座から星座へ、ハウスからハウスへ移動する瞬間です。つまり、ここから新しい時間が始まるのです。

　たとえば、何かうまくいかないことがあったなら、「365日のカレンダー」を見て、ボイドタイムを確認します。もしボイドだったら、ボイド終了後に、物事が好転するかもしれません。待っているものが来るかもしれません。辛い待ち時間や気持ちの落ち込んだ時間は、決して「永遠」ではないのです。

　本書では月の位置している星座から、自分にとっての「ハウス」を読み取り、毎日の「月のテーマ」を紹介しています。ですが月にはもう一つの「時計」としての機能があります。それは、「満ち欠け」です。

　月は1ヵ月弱のサイクルで満ち欠けを繰り返します。夕方に月がふと目に入るのは、新月から満月へと月が膨らんでいく時間です。満月から新月へと月が欠けていく時間は、月が夜遅くから明け方でないと姿を現さなくなります。

　夕方に月が見える・膨らんでいく時間は「明るい月の時間」で、物事も発展的に成長・拡大していくと考えられています。一方、月がなかなか出てこない・欠けていく時間は「暗い月の時間」で、物事が縮小・凝縮していく時間となります。

　これらのことはもちろん、科学的な裏付けがあるわけではなく、あくまで「古くからの言い伝え」に近いものです。

　新月と満月のサイクルは「時間の死と再生のサイクル」です。このサイクルは、植物が繁茂しては枯れ、種によって子孫を残す、というイメージに重なります。「死」は本当の「死」ではなく、種や球根が一見眠っているように見える、その状態を意味します。

　そんな月の時間のイメージを、図にしてみました。

【新月】
種蒔き

芽が出る、新しいことを始める、目標を決める、新品を下ろす、髪を切る、悪癖をやめる、コスメなど、古いものを新しいものに替える

【上弦】
成長

勢い良く成長していく、物事を付け加える、増やす、広げる、決定していく、少し一本調子になりがち

【満月】
開花、
結実

達成、到達、充実、種の拡散、実を収穫する、人間関係の拡大、ロングスパンでの計画、このタイミングにゴールや〆切りを設定しておく

【下弦】
貯蔵、
配分

加工、貯蔵、未来を見越した作業、不要品の処分、故障したものの修理、古物の再利用を考える、蒔くべき種の選別、ダイエット開始、新月の直前、材木を切り出す

【新月】
次の
種蒔き

新しい始まり、仕切り直し、軌道修正、過去とは違った選択、変更

月のフェーズ

以下、月のフェーズを六つに分けて説明してみます。

● 新月　New moon

「スタート」です。時間がリセットされ、新しい時間が始まる！というイメージのタイミングです。この日を境に悩みや迷いから抜け出せる人も多いようです。とはいえ新月の当日は、気持ちが少し不安定になる、という人もいるようです。細い針のような月が姿を現す頃には、フレッシュで爽やかな気持ちになれるはずです。日食は「特別な新月」で、1年に二度ほど起こります。ロングスパンでの「始まり」のときです。

● 三日月〜 ● 上弦の月　Waxing crescent - First quarter moon

ほっそりした月が半月に向かうに従って、春の草花が生き生きと繁茂するように、物事が勢い良く成長・拡大していきます。大きく育てたいものをどんどん仕込んでいけるときです。

● 十三夜月〜小望月（こもちづき）　Waxing gibbous moon

少量の水より、大量の水を運ぶときのほうが慎重さを必要とします。それにも似て、この時期は物事が「完成形」に近づき、細かい目配りや粘り強さ、慎重さが必要になるようです。一歩一歩確かめながら、満月というゴールに向かいます。

◯ 満月　Full moon

新月からおよそ2週間、物事がピークに達するタイミングです。文字通り「満ちる」ときで、「満を持して」実行に移せることもあるでしょう。大事なイベントが満月の日に計画されている、ということもよくあります。意識してそうしたのでなくとも、関係者の予定を繰り合わせたところ、自然と満月前後に物事のゴールが置かれることがあるのです。

月食は「特別な満月」で、半年から1年といったロングスパンでの「到達点」です。長期的なプロセスにおける「折り返し地点」のような出来事が起こりやすいときです。

◑ 十六夜の月～寝待月　Waning gibbous moon

樹木の苗や球根を植えたい時期です。時間をかけて育てていくようなテーマが、ここでスタートさせやすいのです。また、細くなっていく月に擬えて、ダイエットを始めるのにも良い、とも言われます。植物が種をできるだけ広くまき散らそうとするように、人間関係が広がるのもこの時期です。

◑ 下弦の月～ ● 二十六夜月　Last quarter - Waning crescent moon

秋から冬に球根が力を蓄えるように、ここでは「成熟」がテーマとなります。物事を手の中にしっかり掌握し、力をためつつ「次」を見据えてゆっくり動くときです。いたずらに物珍しいことに踊らされない、どっしりした姿勢が似合います。

◈ 太陽星座早見表 魚座

（1930〜2025年／日本時間）

太陽が魚座に滞在する時間帯を下記の表にまとめました。
これより前は水瓶座、これより後は牡羊座ということになります。

生まれ た年	期　　　　間
1930	2/19　18:00　〜　3/21　17:29
1931	2/19　23:40　〜　3/21　23:05
1932	2/20　　5:28　〜　3/21　　4:53
1933	2/19　11:16　〜　3/21　10:42
1934	2/19　17:02　〜　3/21　16:27
1935	2/19　22:52　〜　3/21　22:17
1936	2/20　　4:33　〜　3/21　　3:57
1937	2/19　10:21　〜　3/21　　9:44
1938	2/19　16:20　〜　3/21　15:42
1939	2/19　22:09　〜　3/21　21:27
1940	2/20　　4:04　〜　3/21　　3:23
1941	2/19　　9:56　〜　3/21　　9:19
1942	2/19　15:47　〜　3/21　15:10
1943	2/19　21:40　〜　3/21　21:02
1944	2/20　　3:27　〜　3/21　　2:48
1945	2/19　　9:15　〜　3/21　　8:36
1946	2/19　15:09　〜　3/21　14:32
1947	2/19　20:52　〜　3/21　20:12
1948	2/20　　2:37　〜　3/21　　1:56
1949	2/19　　8:27　〜　3/21　　7:47
1950	2/19　14:18　〜　3/21　13:34
1951	2/19　20:10　〜　3/21　19:25
1952	2/20　　1:57　〜　3/21　　1:13
1953	2/19　　7:41　〜　3/21　　7:00

生まれ た年	期　　　　間
1954	2/19　13:32　〜　3/21　12:52
1955	2/19　19:19　〜　3/21　18:34
1956	2/20　　1:05　〜　3/21　　0:19
1957	2/19　　6:58　〜　3/21　　6:15
1958	2/19　12:48　〜　3/21　12:05
1959	2/19　18:38　〜　3/21　17:54
1960	2/20　　0:26　〜　3/20　23:42
1961	2/19　　6:16　〜　3/21　　5:31
1962	2/19　12:15　〜　3/21　11:29
1963	2/19　18:09　〜　3/21　17:19
1964	2/19　23:57　〜　3/20　23:09
1965	2/19　　5:48　〜　3/21　　5:04
1966	2/19　11:38　〜　3/21　10:52
1967	2/19　17:24　〜　3/21　16:36
1968	2/19　23:09　〜　3/20　22:21
1969	2/19　　4:55　〜　3/21　　4:07
1970	2/19　10:42　〜　3/21　　9:55
1971	2/19　16:27　〜　3/21　15:37
1972	2/19　22:11　〜　3/20　21:20
1973	2/19　　4:01　〜　3/21　　3:11
1974	2/19　　9:59　〜　3/21　　9:06
1975	2/19　15:50　〜　3/21　14:56
1976	2/19　21:40　〜　3/20　20:49
1977	2/19　　3:30　〜　3/21　　2:41

生まれた年	期間		
1978	2/19 9:21	~	3/21 8:33
1979	2/19 15:13	~	3/21 14:21
1980	2/19 21:02	~	3/20 20:09
1981	2/19 2:52	~	3/21 2:02
1982	2/19 8:47	~	3/21 7:55
1983	2/19 14:31	~	3/21 13:38
1984	2/19 20:16	~	3/20 19:23
1985	2/19 2:07	~	3/21 1:13
1986	2/19 7:58	~	3/21 7:02
1987	2/19 13:50	~	3/21 12:51
1988	2/19 19:35	~	3/20 18:38
1989	2/19 1:21	~	3/21 0:27
1990	2/19 7:14	~	3/21 6:18
1991	2/19 12:58	~	3/21 12:01
1992	2/19 18:43	~	3/20 17:47
1993	2/19 0:35	~	3/20 23:40
1994	2/19 6:22	~	3/21 5:27
1995	2/19 12:11	~	3/21 11:13
1996	2/19 18:01	~	3/20 17:02
1997	2/18 23:51	~	3/20 22:54
1998	2/19 5:55	~	3/21 4:53
1999	2/19 11:47	~	3/21 10:45
2000	2/19 17:33	~	3/20 16:34
2001	2/18 23:28	~	3/20 22:31

生まれた年	期間		
2002	2/19 5:14	~	3/21 4:16
2003	2/19 11:01	~	3/21 10:00
2004	2/19 16:51	~	3/20 15:49
2005	2/18 22:33	~	3/20 21:33
2006	2/19 4:27	~	3/21 3:26
2007	2/19 10:10	~	3/21 9:08
2008	2/19 15:51	~	3/20 14:48
2009	2/18 21:47	~	3/20 20:44
2010	2/19 3:37	~	3/21 2:32
2011	2/19 9:26	~	3/21 8:21
2012	2/19 15:19	~	3/20 14:15
2013	2/18 21:03	~	3/20 20:02
2014	2/19 3:01	~	3/21 1:57
2015	2/19 8:51	~	3/21 7:45
2016	2/19 14:35	~	3/20 13:30
2017	2/18 20:32	~	3/20 19:29
2018	2/19 2:19	~	3/21 1:16
2019	2/19 8:05	~	3/21 6:59
2020	2/19 13:58	~	3/20 12:50
2021	2/18 19:45	~	3/20 18:38
2022	2/19 1:43	~	3/21 0:33
2023	2/19 7:35	~	3/21 6:24
2024	2/19 13:13	~	3/20 12:06
2025	2/18 19:07	~	3/20 18:01

おわりに

　これを書いているのは2022年8月なのですが、日本では新型コロナウイルスが「第7波」がピークを迎え、身近にもたくさんの人が感染するのを目の当たりにしています。2020年頃から世界を覆い始めた「コロナ禍」はなかなか収束の出口が見えないまま、多くの人を飲み込み続けています。今や世の中は「コロナ」に慣れ、意識の外側に置こうとしつつあるかのようにも見えます。

　2020年は土星と木星が同時に水瓶座入りした年で、星占い的には「グレート・コンジャンクション」「ミューテーション」など、時代の節目の時間として大いに話題になりました。2023年はその土星が水瓶座を「出て行く」年です。水瓶座は「風の星座」であり、ごく広い意味では「風邪」のような病気であった（症状は命に関わる酷いもので、単なる風邪などとはとても言えませんが！）COVID-19が、ここで土星と一緒に「退場」してくれれば！と、心から願っています。

　年次版の文庫サイズ『星栞』は、本書でシリーズ4作目となりました。表紙イラストのモチーフ「スイーツ」は、

2023年5月に木星が牡牛座に入ること、金星が獅子座に長期滞在することから、選んでみました。牡牛座は「おいしいもの」と関係が深い星座で、獅子座は華やかさ、表現力の世界です。美味しくて華やかなのは「お菓子！」だと思ったのです。また、「コロナ禍」が続く中で多くの人が心身に重大な疲労を蓄積し、自分で思うよりもずっと大きな苦悩を抱えていることも意識にありました。「甘いモノが欲しくなる時は、疲れている時だ」と言われます。かつて私も、猛烈なストレスを耐えて生きていた頃、毎日スーパーでちいさなフロランタンを買い、仕事帰りに齧（かじ）っていました。何の理性的根拠もない「占い」ですが、時に人の心に希望をもたらす「溺れる者の藁（わら）」となることもあります。2023年、本書が読者の方の心に、小さな甘いキャンディのように響くことがあれば、と祈っています。

星栞 2023年の星占い
魚座

2022年9月30日　第1刷発行

著者　石井ゆかり

発行人　石原正康
発行元　株式会社 幻冬舎コミックス
　　　　〒151-0051　東京都渋谷区千駄ヶ谷4-9-7
　　　　電話 03-5411-6431（編集）
発売元　株式会社 幻冬舎
　　　　〒151-0051　東京都渋谷区千駄ヶ谷4-9-7
　　　　電話 03-5411-6222（営業）
　　　　振替 00120-8-767643

印刷・製本所：株式会社 光邦
デザイン：竹田麻衣子（Lim）
DTP：株式会社 森の印刷屋、安居大輔（Dデザイン）
STAFF：齋藤至代（幻冬舎コミックス）、
　　　　佐藤映湖・滝澤 航（オーキャン）、三森定史
装画：砂糖ゆき